U0369827

"OECD学习科学与教育创新" 译丛 | 译丛主编 任友群

OECD教育研究与创新中心 主编

张怀浩 译

技术驱动，教育为本

技术革新教育的系统方法

Inspired by Technology, Driven by Pedagogy

A Systemic Approach to Technology-Based School Innovations

华东师范大学出版社

上海市版权局著作权合同登记　图字:09 - 2014 - 765 号

经济合作与发展组织

经济合作与发展组织(Organisation for Economic Co-operation and Development, OECD)是一个多国政府携手应对全球化背景下经济、社会和环境挑战的专项论坛,也是这些政府及时地共同应对诸如公司治理(corporate governance)、信息化经济和老龄化等种种疑难问题的前沿平台。经济合作与发展组织(简称经合组织)为各成员国政府提供了一个场所,在这里,他们可以比较施政得失,寻求共性问题的解决方案,采取有效举措,并统整国内外政策。

经合组织成员国有:澳大利亚、奥地利、比利时、加拿大、智利、捷克、丹麦、爱沙尼亚、芬兰、法国、德国、希腊、匈牙利、冰岛、爱尔兰、以色列、意大利、日本、韩国、卢森堡、墨西哥、荷兰、新西兰、挪威、波兰、葡萄牙、斯洛伐克、斯洛文尼亚、西班牙、瑞典、瑞士、土耳其、英国、美国。此外,欧盟委员会(European Commission)也参与经合组织的工作。

经合组织出版社公开发行本组织有关经济、社会、环境问题的统计数据和研究结果,以及各成员国一致通过的协议、纲领和标准。

译丛总序

经济合作与发展组织(Organisation for Economic Co-operation and Development, OECD)是推动国际学习科学研究的一支重要力量。1999年,学习科学研究领域第一本里程碑式的著作《人是如何学习的:大脑、心理、经验及学校》在北美面世,同一年,经济合作与发展组织教育研究与创新中心(Centre for Educational Research and Innovation, CERI)发起了"学习科学与脑研究"项目(Learning Sciences and Brain Research)。该项目旨在通过跨学科的国际性的协作,进一步理解贯穿人一生的学习过程,并促进神经科学研究者、教育研究者、教育决策者之间的对话。该项目第一阶段是从1999年至2002年,最终成果为《理解脑:迈向新的学习科学》(*Understanding the Brain: Towards a New Learning Science*);第二阶段从2002年升始一直到2006年,形成了《理解脑:新的学习科学的诞生》(*Understanding the Brain: The Birth of a Learning Science*)这一重要的研究成果。

2008年,经济合作与发展组织教育研究与创新中心开启了一项新的学习科学研究——"创新型学习环境"项目(Innovative Learning Environments, ILE)。[①] 该项目主要面向青少年的学习,研究如何深刻地理解学习本身,以及什么样的条件和环境能够使青少年更好地学习,旨在使政策改革者、创新行动者和学习科学研究者走到一起,利用这些研究发现使经济合作与发展组织的教育系统转变成为"学习驱动"的系统。"创新型学习环境"项目主要从三个方面展开:2008年至2010年着重进行学习研究,分析了国际范围内关于学习、教学与学习环境的研究发现,形成了《学习的本质:用研究激

---

① https://www.oecd.org/edu/ceri/innovativelearningenvironments.htm.

发实践》(*The Nature of Learning：Using Research to Inspire Practice*)这一颇有影响力的研究成果；2009 年至 2012 年主要是在全球范围内搜集创新型学习环境的具体案例并从学习科学的视角进行分析，这一阶段的主要成果是《创新型学习环境》(*Innovative Learning Environments*)；2011 年至 2015 年则是聚焦如何在宏观和系统的层面上实施与学习相关的变革，并形成了《促进 21 世纪学习的领导力》(*Leadership for 21st Century Learning*)以及《重新设计的学校教育：迈向创新型的学习系统》(*Schooling Redesigned：Towards Innovative Learning Systems*)这两项研究成果。

在国际学习科学研究领域，经济合作与发展组织与美国自然科学基金会(National Science Foundation，NSF)并驾齐驱，两大机构之间同时还有着非常紧密的合作与交流。早在 1999 年，双方就在美国弗吉尼亚联合举办了学习型经济与社会中的知识测量高层论坛(High‐Level Forum on Measuring Knowledge in Learning Economies and Societies)①。2012 年，它们又联合举办了双方间的第一次学习科学大会，主题为"将我们是如何学习的联结到教育实践和政策：研究证据与启示"(Connecting How we Learn to Educational Practice and Policy：Research Evidence and Implications)②，这次大会在经济合作与发展组织的总部法国巴黎召开，来自美国的几大学习科学中心的研究者都进行了报告。2014 年 3 月 1 日至 6 日，这两大机构再次携手，并联合联合国教科文组织(UNESCO)、香港大学、上海师范大学以及主要承办单位华东师范大学，在中国上海共同举办了"学习科学国际大会"，来自世界各地的研究者和相关领域的专家就学习科学研究的进一步发展及如何推动教育政策和实践的变革进行了广泛交流和深入对话。

由于华东师范大学是 2014 年"学习科学国际大会"的主办方之一和东道主，因此在长达一年多的会议筹办阶段和为期一周的会议举办期间，我和经济合作与发展组织教育研究与创新中心主任 Dirk Van Damme 有过多次交流。2014 年末，我率华东师范大学代表团至巴黎访问经济合作与发展组织的总部，借此机会拜访了 Dirk 并与他进行了会谈。在此次会谈中，Dirk 向我介绍了他所领导的教育研究与创新中心，并推荐

---

① http://www.oecd.org/edu/innovation-education/1855168.pdf.
② http://www.oecd.org/edu/ceri/49382960.pdf.

了该中心过去几年中开展的重要项目,还有一些已出版的与学习科学、教育技术和教育创新相关的一些研究报告。通过 Dirk 的介绍以及我的初步翻阅,我感到这些研究成果是正在寻求教育系统创新与变革的中国教育研究者、实践者和决策者所需要的,因此萌发了翻译引介的念头。回国后,我便请华东师范大学出版社对相关书目进行了版权引进,并组织华东师范大学相关学科的中青年学者着手进行翻译。

目前"OECD 学习科学与教育创新"译丛共包含 6 本著作,分别为:

● 《创新型学习环境》(*Innovative Learning Environments*)

● 《促进 21 世纪学习的领导力》(*Leadership for 21st Century Learning*)

● 《教育:促进健康,凝聚社会》(*Improving Health and Social Cohesion through Education*)

● 《技术驱动,教育为本:技术革新教育的系统方法》(*Inspired by Technology, Driven by Pedagogy:A Systemic Approach to Technology-Based School Innovations*)

● 《全球化世界中的语言:为促进更好的文化理解而学习》(*Languages in a Global World:Learning for Better Cultural Understanding*)

● 《回归艺术本身:艺术教育的影响力》(*Art for Art's Sake? The Impact of Arts Education*)

这 6 本著作都是经济合作与发展组织教育研究与创新中心的"教育研究与创新"系列丛书,其中前 2 本是上文提到的"创新型学习环境"项目的主要研究成果。为了帮助读者了解此套译丛的概貌,我在此对这 6 本译著做一下简单的介绍。

《创新型学习环境》聚焦于如何变革学习方式以发展 21 世纪最为重要的能力,它与《学习的本质:用研究激发实践》一起,明确界定并例示了七大学习原则:(1)以学习为中心,促进参与;(2)确保学习是社会性的、合作性的;(3)高度适合学生的动机,关注情绪;(4)对包括先前知识在内的个体差异保持敏感性;(5)对每一位学习者有高要求但不会让他们承受过重负担;(6)运用与目标一致的评价,强调形成性反馈;(7)促进活动之间、学科之间以及学校内外之间的横向联结。这些是创新学习环境的方向和方法,也是学校教育系统创新的重要理据和有益借鉴。

该书还从学习环境的要素、学习环境的动力系统、领导力等方面,概括了案例所示的学习环境创新之道。学习环境的四要素是学习者、教育者、内容和资源。在所选择的案例中，学习者可能包括虚拟教室中的学伴甚至家长；教育者可能是相关行业或者领域的专家、成人或者学生的同伴；内容的重点针对 21 世纪学习者要具备的能力，如社会学习能力、跨学科能力，以及语言及可持续发展能力等；资源可能是来自网络的即时数字化资源。而动力系统推动着这些要素运作和交互方式的变化：教师和其他教育者可以重组；学生群体往往跨越年龄和年级，也可以超越时空的限制；学习时间灵活适应，而非固定不变；教学和评估更加个性化。要素和动力系统构成了学习环境之"教学内核"（pedagogical core）。

对于学习环境这个生态系统，要有良好的设计和有效的策略，对于学习进程要进行即时性的评估、反馈和调适，确保学习处于创新的中心。同时，要通过合作提升教师的能力，特别是跨界合作及联合其他学习环境的能力。要进一步推动变革，则要进一步关注来自科学研究与开发、技术进步、模块重组、知识网络化和分享等来源的新动力。

《促进 21 世纪学习的领导力》提出"学习领导力是指为了使学习得以发生而确立方向和承担责任"。它通过分布式、联结式的活动和关系得以实施，不仅包括正式参与者，还包括不同的合作伙伴，可以在整个学习系统的不同水平上进行实施。不管是在学校的微观层面上抑或是在更广泛的系统层面上，学习领导力提供了以创建和维系旨在助益良好学习的环境为核心的领导力的重要形态和目的，决定了学习的方向和结果。

该书是"创新型学习环境"项目第三阶段"实施与变革"研究的第一本举足轻重的出版物，它承接《创新型学习环境》一书中对学习领导力的重点强调，从概念和实践两个层面对什么是学习领导力进行了更深入的分析。同时，该书还介绍了一些如何运用创新策略和创新举措培育学习领导力的具体案例，并提出了几个重要观点：(1)学习领导力将创建促进 21 世纪学与教的环境置于领导力实践的核心；(2)学习领导力表现出了创造性并且常常伴随着勇气；(3)学习领导力示范并培育着 21 世纪专业主义；(4)学习领导力是社会性的、联结性的；(5)随着学习环境的创新，学习领导力变得更加复杂，通常涉及各种非正式伙伴；(6)创新型的学习领导力涉及复杂的多层次的化学过程；(7)需要系统层面的学习领导力。

《教育：促进健康，凝聚社会》一书起源于经济合作与发展组织教育研究与创新中心"学习的社会产出"项目(Social Outcomes of Learning，SOL)。该项目主要考虑到当代世界各国的国民幸福与社会进步等非经济问题的重要性日益显现,教育对于塑造这些关乎社会进步的指标作用显著。然而,人们对教育与社会产出之间的因果效应、因果路径、环境作用以及不同教育干预措施的相对影响,都知之甚少,因而开始了相关研究。经济合作与发展组织教育研究与创新中心于 2007 年出版了《理解学习的社会产出》(*Understanding the Social Outcomes of Learning*)一书 ,以一系列概念框架,描述并帮助人们理解学习与各项社会产出之间的关系。《教育:促进健康,凝聚社会》是该项目第二阶段的研究报告,也是"学习的社会产出"项目的第二本著作。

该书综合现有证据、原始数据和政策议题,以评估"学习的社会产出",说明了借由何种途径,教育能够有助于改善社会产出。该书提出,通过培养认知、社交和情感技能,促进公民养成健康的生活方式及建立良好的人际关系,教育可以改善健康,促进"公民和社会参与"。然而,只有信息交流和认知技能是不够的。社交和情感方面的技能可使个体更有效地利用认知技能处理所获信息,这样,人们才能更好地预防和应对健康风险,凝聚社会。教育不仅有助于个体习得这些技能,也有助于个体养成关乎健康生活方式的习惯、规范和信念,还有助于培养积极的公民。学习同样存在于家庭和社区,二者都是儿童发展多项关键能力的重要环境。该书还指出,当家庭、社区与教育机构所作出的努力保持一致时,这些努力最有可能取得成效。这就要确保在各个教育阶段、各社会领域的政策连贯统一。此外,政府在促进政策一致性和激励利益相关者合理投资方面,扮演着不可或缺的角色。

《技术驱动,教育为本:技术革新教育的系统方法》一书以丰富的案例从技术创造的机遇、技术驱动革新的监测与评价、研究的作用与贡献三方面阐释了技术驱动的教育革新。

该书第一部分概述了教育领域中技术的变化趋势,重点总结了 Web2.0 及数字学习资源的兴起与发展带来的机遇与挑战。第二部分侧重于论述国家如何监控与评价技术的应用,旨在支持与促进技术应用的普及与推广。这一部分还呈现了来自澳大利亚和新加坡的两个不同案例,分别介绍了澳大利亚在监控与评价 ICT 的教育应用的广泛事宜中是如何形成日益复杂的视角的,以及新加坡是如何从国家整体规划的层面对技术革新教育进行整体的设计、实施与评价的。第三部分以新视角呈现了研究的作用与贡献，针对技术应用效果研究采用持续的国际对比，探索了设计研究的可行之道。

最后，该书对运用系统方法开展技术驱动的教育革新予以了肯定，指出这种方法在对此类革新的评估以及运用可信证据决策的复杂问题上尤其有用，并且对当前教育革新假设构成了挑战。对此，该书还建议各国政府及教师等人群重新思考如何支持、监测与评价革新，无论这种正确的策略与工具应用是否恰当，是否发挥了所有的潜能，教育中技术应用的最终落脚点应该始终是学生的学习质量。

《全球化世界中的语言：为促进更好的文化理解而学习》一书源于"全球化、语言和文化"项目(Globalization，Languages and cultures)。该项目由经济合作与发展组织教育研究与创新中心发起，从 2008 年到 2011 年与哈佛大学教育研究生院密切合作完成，其目的是使人们更好地理解一些在这个全球化时代越来越重要、但在教育研究文献中只是部分或边缘性地得到了解决的问题。比如，在非母语语言学习中为什么有些人比另一些人更成功？为什么有些教育体系或国家在非母语教育中比另外一些更加成功？对这些问题的探讨越来越重要，因为全球化的兴起使语言能力无论是对个体而言，还是在社会层面都越来越彰显其价值。

全书共 25 章，每一章作者的文化背景几乎都不相同，从而能表达独特的声音，并把各种学科交叉点上的想法汇聚到一起，提供来自全世界的观点。书中探讨的问题超越了(应用)语言学，涉及历史学、社会学、心理学，并且总是(直接或间接地)触及极端微妙的身份认同/他异性等问题，因此又涉及哲学、伦理学和政治学。

本书视角多元，探讨了从法国到哈萨克斯坦，从秘鲁到坦桑尼亚等全球范围内许多国家的语言学习问题，针对语言和文化在现在和将来对于人类的中心作用提出了重要看法。其总体目标是说明世界范围内语言多样性及其与教育的关系等宏大问题，分析教育政策和实践如何更好地回应这些新情况带来的挑战，以便使现在的决策者们能更了解情况，同时启发读者认识到(以及鼓励他们反思)学习过程本身以外促进或阻碍成功习得非母语语言的多重因素。

《回归艺术本身：艺术教育的影响力》主要从两大部分对艺术教育进行了讨论。第一部分就不同艺术教育形式对认知的影响进行了分析，包括多元艺术教育、音乐教育、视觉艺术教育、戏剧教育、舞蹈教育对认知的影响和视觉艺术对阅读的影响。第二部分阐述了艺术教育对创造力、主动性、社交技能、脑力开发等非认知方面的影响。该书通过对大量研究的客观而审慎的分析，提出接受一定形式的艺术指导将对某些具体技能的开发产生影响，特定艺术形式的学习会形成对应类型的技能，而这些技能可能"转移"到其他领域。例如，音乐学习涉及听觉训练，听觉注意力的提高会提升语音感知技能，因而音乐学习就"转移"提升了语音感知技能。另外，戏剧学习涉及人物分析，因此会影响到理解他人观点的技能。但该书同时指出，艺术教育对于创造性和关键思维、行为和社交技能的影响尚无定论。

展望未来对艺术教育影响力的研究，该书作者希望研究者能进行更多的实证性研究，并且建议优先对艺术教育的方法论和理论架构进行探究。更加具体的建议则包括考察艺术思维习惯，探究具体艺术和特定非艺术技能间的联系，比较研究艺术形式的学习和"转移"领域的学习等。

本译丛将是一套开放的译丛，未来我们还将继续关注和跟踪经济合作与发展组织与"学习科学与教育创新"主题相关的项目与研究，并及时引介。本译丛的出版是华东师范大学推进学习科学研究的又一努力。此前，由我的导师华东师范大学终身教授高文先生及华东师大学习科学研究团队在 2002 年推出的"21 世纪人类学习的革命"译丛（第一辑）是国内关于学习科学研究的首套译丛，主要收录了北美学习科学研究的若干经典著作，推出后在教育研究、实践与决策领域都产生了广泛影响。2012 年，我和我的同事们继续在此基础上主编了"21 世纪人类学习的革命"译丛（第二辑），到目前已出版了 8 本译著。我希望现在推出的这套"OECD 学习科学与教育创新"译丛能够继续为我国的学习科学研究带来新的视角，提供另一种参考。

最后，在译丛出版之际，我要感谢全体译者过去两年多来所付出的辛劳，感谢华东师范大学出版社王焰社长、教育心理分社的彭呈军社长以及编辑孙娟对丛书出版给予的支持。我也期待着来自读者您的反馈和宝贵意见。

2016 年 7 月于江西上饶信江河畔

序

人力资源是推动革新发展的核心力量。能力的培养，包括对创新能力的培养，主要由教育系统负责开展。从这方面看，我们的教育还是值得的。在大多数国家中，教育经费主要来源于各国政府。当前，在全球经济衰退的背景下，各国削减预算势在必行，教育系统也不可能例外。如何在教育领域内做到投资收益最大化是各国政府均在思考的问题。此外，需要注意的是，这不仅仅是纯粹的经济视角，因为人力资源和人才对于社会发展至关重要。如此一来，做好教育投入与产出间的平衡，使投资收益最大化就变得更加重要了。

经济合作与发展组织（以下简称 OECD）的教育研究与创新中心（以下简称 CERI）一直从两个不同的视角来探索教育系统内的革新解决方案。一方面，在 OECD 革新策略[①]研究的推动下，CERI 分析了人力资源对于革新的作用，探索了它在教育领域中促进革新的方式与方法；另一方面，CERI 也从系统视角[②]出发来解决教育系统的革新事宜。总之，CERI 的目的在于更好地理解革新过程，促使政策在促进、支持、评价以及推广革新方面发挥积极的作用。因此，认识到革新不仅是纯粹的概念还具有情境依赖性是十分重要的。

技术在教育领域具有不可取代的重要作用。即使当前经济衰退，各国仍然视技术为一种机遇，再次大量投资，通过全员普及（人手一台电脑）、数字学习资源与平台的建设促进学校开展技术驱动的革新。如果将大范围内的革新视为一种教育投资收益，那

---

① 详见 www. oecd. org/innovation/strategy.
② 详见 www. oecd. org/edu/systemicinnovation.

么这种收益形式也同样适用于教育领域中对于技术的投资。对此,从长期来看,系统革新可能是确保这种投资收益最有效的方式。因此,为了使技术革新教育的收益最大化,系统方法是各国的最佳选择。

本书认为:关于技术革新教育的支持、促进、监测、评价甚至普及都是明确的、可以被解决的。并且,从系统视角来看,普及更为重要。基于此,本书尽力阐释关键问题,使读者能够更好地了解如何在技术革新教育的过程中运用系统方法为所有人提供优质教育,提升教育系统的公平性与有效性。与任何时候相比,当前的政府教育投资收益以及我们的创新能力更加重要。

值得注意的是,本书聚焦于系统革新这一新概念。这种革新的机遇是由Web2.0和对于数字资源建设与发展的重要投资与投入带来的,并且采取与以往不同的监测、评价及推广方法。此外,书中重点介绍了一些国家案例以及多种研究框架。

本书的出版有赖于巴西圣卡塔琳娜州的支持,该书的策划始于2009年11月在该州首府弗洛里亚诺波利斯召开的国际会议"当今教学与未来学校"。该会议由CERI组织,在圣卡塔琳娜州州教育局的鼎力支持下,致力于解决运用技术革新教育方面的事宜。来自世界各地的专家集聚一堂,与巴西圣卡塔琳娜州的代表们共同探讨教育革新、政策发展、研究与技术发展等问题。

CERI的Francesc Pedró筹划并具体负责该会议,他同时也是本书的主要编辑。挪威教育部的Øystein Johannessen在借调CERI期间参与了会议的组织,并在之后一段时间内参与了本书的编纂。Therese Walsh和Lynda Hawe为此书的编辑提供了重要的支持。

在圣卡塔琳娜州召开的会议非常成功。我在此表达我们最诚挚的敬意,不仅感谢该州政府对于会议的支持,还感谢他们长期以来在教育方面对于OECD的持续支持。这在多个联合项目中均有体现。所有的这一切都离不开以下人员的大力支持:该州前官员Luis Henrique Silveira、前教育局局长Paulo Bauer、现任局长Silvestre Heerdt、处长Antonio Pazeto。Wilson Schuelter作为巴西代表,Ian Whitman作为OECD代表,一直合作致力于促成这些项目的成功开展。

我深信本书的出版不仅是对于以上所有人的努力与希冀的最好褒奖,还将有助于各国政府和相关人员重新审视本国的教育系统,以使技术革新教育的收益最大化。

Barbara Ischinger

教育理事会主任

目　录

第一部分　技术带来的变化

第二部分　技术驱动革新的监测与评价

第三部分 研究的作用与贡献

概　要

　　本书以丰富案例,从技术带来的变化、技术驱动革新的监测与评价、研究的作用与贡献三方面阐释了技术驱动的教育革新。

　　第一部分对教育领域中技术的变化趋势进行了概述,重点总结了 Web2.0 及数字学习资源的兴起与发展带来的机遇与挑战。首先,Neil Selwyn 阐释了 Web2.0 给社会带来的变化,带给学校发展的机遇以及教师对于这些机遇的漠视。同时,他也表示学校和教师在尝试运用这些新兴技术时存在诸多困难。对此,他认为:如果社会没有深入、持续地探讨教育的未来,那么就不能对学校和教师有诸多要求。其次,此前工作于 CERI 的 Jan Hylén 对一项在北欧五国开展的数字学习资源建设与使用方面的研究进行了分析,发现五国在数字学习资源方面的发展大同小异,也都存在这样的情况——如果数字学习资源成为教育的主流标准之一,那么政府、公私立机构以及教育社区应该如何发挥作用? 是超越以往,还是又是历史的重演,雷声大雨点小?

　　为了支持与促进技术的应用、普及与推广,第二部分侧重于国家如何监控与评价技术的应用。这非常关键,目前大多数教育系统对这个问题都没有恰当的解决方案。对此,本部分呈现了两个不同的案例。首先,John Ainley 记述了澳大利亚在监控与评价 ICT 的教育应用的广泛事宜中是如何形成日益复杂的视角的。尤其在教育教学的实践中,澳大利亚真正认识到领地和学校在技术革新教育的深度与广度上存在差异。并且,该案例还详细阐述了澳大利亚收集大量关于年轻人如何习得基本的数字读写能力,或更广义上所说的 21 世纪技能的具体做法。另一个案例来自新加坡,由 David Hung、Kenneth Lim 和 David Huang 提供。该案例在许多方面都具有代表性,它尤其强调国家整体规划上的设计、实施与评价。其中,对于技术驱动革新的支持、监控与评价在这类规划中起到重要的作用。并且,该案例还探讨了实践者、研究者、政策制定者在革新的成功实施以及普及方案设计过程中的不同作用。

第三部分以新视角呈现了研究的作用与贡献,不仅采用持续的国际对比研究来研究技术的应用效果,还探索了设计研究的可行之道。首先,Maria Langworthy、Linda Shear 和 Barbara Means 介绍了一项关于教与学革新的跨国对比研究。该研究开发了一套可用来评估教育者教育革新的工具,以此来了解为学生提供的那些学习体验在多大程度上促进了学生习得 21 世纪生活与工作技能。虽然该研究仍处于初期阶段,但它是对于技术革新教育与学生当前学业成就间缺乏联系这一假设的重要补充。其次,Jan van den Akker 从另一个完全不同的视角探讨了课程设计研究的优势与局限,以及其对于课程政策和课程开发方面的影响。并且,他发现课程设计研究的干预过程重点并不在于全力实施事先精心策划的所有干预,而是一个不断满足新的抱负与要求、实现(连续的)原型的过程。这一过程往往是迭代的、循环的或者是螺旋的:分析、设计、评价及完善活动,直到在理想与现实之间达到一个令人满意的平衡。

最后,根据以上三部分内容和圣卡塔琳娜州会议的部分成果,本书对运用系统方法开展技术驱动的教育革新予以了总结。这种方法在此类革新的评估以及运用可信证据决策革新普及的复杂问题上尤其有用。并且,这种方法对于当前教育革新的假设构成了挑战。对此,本书建议各国政府及教师等群体重新思考如何支持、监测与评价革新,无论策略与工具应用是否恰当,是否发挥了所有的潜能,教育中技术应用的最终落脚点应该始终是学生的学习质量。

引言 技术革新教育对于系统方法的诉求

Francesc Pedró
CERI

  过去十年间,新兴数字技术在教育中的应用明显增加,但是即便政策在支持与促进技术革新教育方面付出了诸多努力,这类应用仍然未像我们期望的那样迅猛、集中。本章采用系统革新的观点分析了可能会造成这种情况的原因,重点阐释了知识管理对于技术革新教育的重要性以及它在系统层面推动教育变革的重要作用。

  本章从系统单新的视角出发,透视了技术驱动的教育革新。结合先前 CERI 的相关研究成果①,此处将教育革新定义为:任何试图增加教育过程的价值并取得可测量结果的动态变化,并且使利益相关者满意或获得了教育绩效。需要注意的是,系统方法聚焦于系统如何监测与评价革新,并应用结果为该领域的后续发展积累知识。进一步地讲,它更加注重革新是如何在系统中产生与扩散的;这些创新的基础知识范围有多大;知识如何在这个过程中被充分运用;利益相关者是如何协作、共同创建并受益于这些知识的。

  目前该观点已经成功应用于两个不同的领域:职业教育与培训(简称 VET)(OECD, 2009a),数字学习资源(简称 DLR)(OECD, 2009b)。本章试图在分析技术革新教育的过程中找出它的局限性。

---

① 详见 www.oecd.org/edu/systemicinnovation.

一、技术驱动的教育革新愈发重要

不断变化的富技术环境为我们反思教育提供了新的视角，也对学校提出了新的要求——学校能够成为知识社会的先驱。首先，技术提供的工具有助于教学的开展，能够为学习提供新的机会和途径。尤其是，它能够提高学习过程的定制化程度，满足学生的个性化需求。其次，教育对培养学生、帮助学生走入社会负有主要责任。在当今社会愈发离不开技术的趋势下，教育必须帮助学生发展社会必需的能力。这些能力也是所谓的21世纪技能的重要组成部分，同时也逐渐成为义务教育阶段需要达成的重要目标之一。最后，在技术驱动的经济社会中，那些没有掌握这些技能的人将在不断涌现的数字鸿沟中受阻，最终，他们的能力发展受到影响，他们无法完全融入到知识经济与社会中（OCED，2010）。

过去的30年间，各国一直以不同的方式与途径为技术革新教育提供持续支持。在政策层面主要采取三类方式：

1. 为技术应用提供环境支持。这里所说的环境支持涵盖很广，从设备的提供、网络的接入，到教师培训、技术与教学支持，再到数字学习资源的建设与共享。

2. 为了促进学校和教师在学校和课堂层面开展革新，采用公开选拔的方式提供各种激励措施，其中孵化基金的方式最为常见。

3. 为那些记录并分析教育革新的研究团体提供支持。

尽管无人知晓教育领域中对于技术的投资力度与规模到底有多大，但是在提供基础条件，创设符合教育中技术应用的适宜环境方面却有明确的统计。1999年，技术投入与应用（技术入校、学校接入互联网）由有限应用到迅猛增长（OECD，1999）。2003年，来自PISA的数据证实了技术的应用出现了指数级增长（OECD，2006）。2000年至2003年间，大多数国家的生机比下降了一半多，其中一些国家甚至更多（受平均值影响）。在1995年，接入互联网的初中学校低于三分之一，但是到了2001年所有初中学校已经全部完成互联网的覆盖。并且，OCED成员国中有越来越多的学校已经将宽带作为学校的标准配置。

二、教育系统是否成功普及了技术驱动的革新

世纪之交,加之互联网泡沫的破灭,政策制定者不得不重新调整他们的期望。他们发现学校及教师并没有按照所设想的那样运用技术,也没有达到预期的使用频率,更没有明确的证据表明能够获得预期的收益。换句话说,这有些令人不满——如果不是悲观主义的话,可用静默来形容。对此,许多 OECD 成员国在政策上已经不再将技术与教育的整合作为首要考虑因素,即使一些政府投资还在进行。从不同角度来看,"建好,他们自会来用"这一原则看起来牢不可破。并且,教育系统在技术上的投资依旧按照这种逻辑开展,认为学校和教师采用并受益于技术是迟早的事情。

促进技术革新教育的政策很给力,但是为什么教育系统内期待的变革并没有发生?并且,在大多数 OECD 成员国中,教师们接触到新技术已然不是问题,也都具备基本的技术素养。不仅如此,大多数教师也深信技术的应用有益于课堂。那么,为何大多数教师仍然未能找到适宜方法来运用技术推动所期待的教学变革?越来越多的文献指出造成这种窘况的原因主要有三种:

1. 知识库:问题在于无法获知是什么起了作用。即,和技术相关的教学实践与其在质量、公平和绩效上取得的效果之间的关系无法得知。造成这一现象的部分原因在于"技术是个具备众多功能的黑箱子"的复杂问题,还有部分是因为对于现有经验的应用不足,后者可以通过知识管理来解决。

2. 教师培训:一项由 OECD 针对教师培训学院中职前教师应用技术方式开展的持续对比研究表明:在多数情况下,这些培训机构不能为职前教师提供运用技术提高教学能力的实操经验,也就不能够为他们提供课堂中有效运用技术的直接指导。不仅如此,这些培训机构对技术应用的态度也日渐消极——认为技术华而不实,并且意味着花费更多的时间。

3. 激励措施:教学变革意味着教师的巨大付出,无论是个人还是集体。教育系统并没有提供明确的激励措施来支持、奖励这种努力。并且,经验证据表明这种变革是水到渠成的事情。例如,学生的绩效表现与某项技术的应用间并没有直接的关系,更

不要说绩效水平的提高是因为教师运用技术方法得当造成的。

下文将重点阐释知识管理对于技术革新教育的重要性以及它在系统层面推动教育变革的重要作用。

三、系统方法对于技术革新教育的重要性

本章的内在假设是：有必要知晓更多政府促进、监测、评价与普及成功的技术驱动或技术支持革新的方法，应该重点关注国家或国际层面上研究、监测与评价的作用以及知识库的建设。简言之，在技术革新教育的过程中是否存在一种知识管理圈？或者说，政府（国家、区域或者地区）是运用系统方法开展技术驱动的教育革新的吗？这种知识管理的观点，CERI曾在教育研究与发展中[①]采用过，它强调知识是如何创造、共享与传播的，以及是如何有效运用于决策过程的，无论这种决策是政治决策还是教师实践中的决策。此外，必须强调的是：这种方法可能是首次应用于系统革新的分析中，可能将为这一分析领域带来新的变化。

从知识管理视角能够发现一些之前忽视的问题。首先，尚未可知的是各种政策是如何落地、相辅相成地调动政府的有限资源来孵化革新，更不要谈在整个系统中产生多大的影响；其次，革新是如何被监测与评价的，是由谁来监测与评价的，所生成的知识何去何从；最后，如果采用教育研究来加强知识库方面的建设，那么：由谁来决定哪类研究该被资助？怎样确保方法适宜、结论符合预期？研究间如何相辅相成，发挥最大作用？此外，还应该特别注意的是：国家是如何启动革新的？革新涉及哪些过程？有哪些促进与阻碍因素？主要参与群体间的关系如何？需要什么样的知识库来支撑？过程与成果的评估程序与标准有哪些？

[①] 此处使用的研究与发展的定义同样适用于本项目的其他内容。研究是指：符合学术相关标准、信效度达标的知识创造过程。在本项目中，基础研究有别于应用研究。前者是因为对于某一现象或问题好奇或者感兴趣而开展的，而后者是有意设计用于解决政治或者实践中问题的。两种研究所进行的知识创造过程都是在某种理论框架下进行的，且这些研究可能巩固也可能质疑这些理论框架。发展是指任何旨在改善实践的知识创造形式。因此，发展的目的是促进某种特殊情境下的变化的发生。许多教育发展是由教师引领的，发生在教师专业发展过程的探究活动中（详见 www.oe/edu/rd）。

四、系统革新的进展及本书对其的贡献

人们逐渐认识到教育政策方面研究成果的重要性,但是对于研究成果与政府政策和教育革新间的关系却认识不足。CERI 此前在知识管理、教育研究与发展以及基于证据的政策方面的研究(OECD, 2003；OECD, 2004；OECD, 2007)发现三者间的关联非常薄弱。由于系统方法尤其关注研究成果与教育中革新各个阶段间的关系,它的运用为当前教育革新工作的开展与完善打开了一扇门。

针对技术驱动的教育革新来讲,有三类问题可供研究:

- 技术革新教育方面概念的对比:如何在不同教育系统中界定与理解技术驱动的革新？为什么要系统地开展这种革新？

- 采用知识管理视角分析技术革新教育的动力学：OECD 成员国中有哪些可供借鉴的革新模式？影响革新的系统因素有哪些？

- 与教育中技术相关的革新政策：从基于证据的政策研究出发,分析革新政策是如何被设计的？研究成果对于这类政策制定有哪些作用？这些政策是如何被监测与评价的？

参考文献

OECD (1999)，*Education Policy Analysis* 1999，OECD Publishing.

OECD (2003)，*New Challenges for Educational Research*，Knowledge management，OECD Publishing.

OECD (2004)，*Innovation in the Knowledge Economy：Implications for Education and Learning*，*Knowledge management*，OECD Publishing.

OECD (2006)，*Are Students Ready for a Technology-Rich World？What PISA Studies Tell Us*，PISA，OECD Publishing.

OECD (2009a)，*Working Out Change：Systemic Innovation in Vocational Education and Training*，Educational Research and Innovation，OECD Publishing.

OECD (2009b)，*Beyond Textbooks：Digital Learning Resources as Systemic Innovation in the Nordic Countries*，Educational Research and Innovation，OECD Publishing.

OECD (2010)，*Are the New Millennium Learners Making the Grade？Technology Use and Educational Performance in PISA* 2006，Educational Research and Innovation，OECD Publishing.

第一部分

技术带来的变化

第一章　Web2.0 与学校的发展

Neil Selwyn

英国伦敦大学教育学院伦敦知识中心

在当今社会日益倚重数字技术的背景下,明日学校与未来教育是当今教育探讨的主题之一。数字技术具有教育潜力,同时兼具不确定性,这在当前教育领域所谓"Web2.0"技术的讨论中得以充分体现。本章对 Web2.0 的兴起及其在教育中的应用持批判态度,认为应当正确看待 Web2.0 带给社会的变化,带给学校发展的机遇及教师对于这些机遇的漠视。并且,本章建议即使不批判也应该务实地对待教育与 Web2.0 间的关系——探寻如何更好地运用 Web2.0 技术促进而不是阻碍当下学校的发展。

一、Web2.0 对于教育教学的影响

随着诸如"社交网络"、"现代网络"以及"社交软件"等新名词的涌现,"Web2.0"的概念被提出。它几乎可以涵盖社交网络、博客、"大众标记"(folksonomies)、"聚合"(mash-ups)等最近出现的所有互联网工具与应用。从技术角度来看,Web2.0 是网络工具、应用与服务日益社会化的产物。正如 Matthew Allen(2008)所述,Web2.0 反映了"近几年网站设计与功能实现所采用的新方法和网站提供服务的新方式,从本质上描述了通过人机交互优先处理与显示数据的技术应用"。当然,许多计算机科学家辩称这是一种炒作,只不过是互联网的另一个噱头。Scholz(2008)称许多关于 Web2.0 应用的技术创新的说法具有误导性,充分运用"品牌效应以及对于新颖事物的痴迷",

其背后往往隐含着某些商业目的。尽管如此，Web2.0对于理解当今互联网应用来说，仍然是一种重要且有效的手段——它阐述了"互联网是如何影响社会发展的"（Scholz，2008）。

"Web2.0"反映了当今在线活动的性质正在发生变化——它所描述的"大众"互联网是基于在线用户社区，而不仅仅是个体用户开展的集体活动。（O'Reilly，2005；Shirky，2008；Brusilovsky，2008）。与20世纪90年代采取"一对多"的广播模式进行信息交换不同，21世纪初的网络应用多采用"多对多"的传播方式，信息由众多用户制作、批判与协作再创更加开放、共享。换言之，无论是大众领域还是学术领域，现在大家谈到互联网就会提到Web2.0，这表明大家越来越重视互联网用户群体内与群体间的交互。从这方面看，Web2.0重新掀起了始于20世纪90年代关于互联网变革本质的讨论（Robert，2009）。与20世纪90年代"Web1.0"（当前一些评论家对于那个时代互联网的称呼）不同，当前的讨论更侧重于网络的即时性——用户可以随时获得所需内容，"……网络就是你，你就是网络，它知道你需要什么"（Evens，2009）。

因此，Web2.0值得我们认真对待，尤其在将其视为当代互联网应用的复兴"精神"与"思潮"时。由此，那些贴着Web2.0标签、由单个个体完成的技术作品就显得微不足道了（Allen，2008）。Web2.0背后隐含着宏大的理想：Web2.0正在传达一种新的互联网应用经济意识——围绕诸如"注意力经济"等概念，提供所谓的"免费"服务来吸引更多用户共享内容；Web2.0也在传达一种新的互联网用户意识——他们"更加积极、主动，并且是互联网主要活动的参与者：创造、保存与丰富内容，而这些恰恰是用户优先考虑使用互联网的基础"（Allen，2008）；最后，可能也是最重要的，Web2.0还在传达一种新的互联网政治意识——强调个体、淡化机构，"如果采用传统民主术语表述，即：通过'参与式体系架构'来强调选择的自由性及个体自主权"（Allen，2008）。

总之，对于传统的技术与制度建设、经济结构及社会关系来讲，Web2.0显然是一种重要且具体的挑战。尤其许多评论家认为Web2.0可用来解决政府服务"欠缺公众参与"的一揽子问题——使政府服务围绕个体需求，让个体而非机构推动诸如教育等服务的发展（Evens，2009）。

Web2.0尽管对于正规教育具有重要的政治、经济与制度意义，但是它在教育教学中主要聚焦于学习和个体学习者。在关于 Web2.0 的讨论中,针对参与以及小组协作活动的优势开展的研讨比较集中,因为这与当前教育教学形成了鲜明的对比。并且,可能也是顺理成章,Web2.0 和教与学间的关联近来激起了教育专家与教学工作者的极大热情(Davies 和 Merchant,2009)。有学者认为 Web2.0 的实践与"真实"学习的社交文化关系密切。在这种社交文化中,学习者在公共社会情境的支持下,积极协作建构知识——以连续地、多次评价"集体共识"的形式开展(Dede,2008)。个性化和学习(有意或无意)的社交情境在 Web2.0 实践中备受关注,学习者被认为是通过参与在线知识的协作建构来获取知识的(Lameras 等,2009)。由此,Web2.0 具化了教育技术专家长期秉承的理念:学习最好发生在技术支持的网络环境下,并且学习者既是内容的创造者又是内容的消费者。正因为如此,在一些地方,Web2.0 被追捧为"教育的未来"(Hargadon,2008)。

如以上观点所述,越来越多的教育评论家开始采用激进的变革语调来称赞 Web2.0 技术的教育潜力。除了肯定 Web2.0 应用在认知与教学上的潜力以外,大家现在还关注 Web2.0 工具、应用与服务为学校提供了(重新)教育那些叛逆学生和后进生的机会。Mason 和 Rennie(2007,第 199 页)认为:"共享的社区空间以及团体间的交流能够吸引年轻人,使得他们积极并持续地学习"。为了引起这类学生群体的注意,激发他们的学习动机,必须提高机会的质量,而当前大众与学术领域均称 Web2.0 能够以开放、民主的原则改变社交及学校内各学习要素间的关系。正如 Solomon 和 Schrum(2007,第 8 页)总结的那样,"由于社交网络、协作工具以及丰富的 Web2.0 网站,每个人都能参与……网页再也不是少数人的特权,Web2.0 世界中的任何人都能够掌控网页内容了"。

二、学校中 Web2.0 的应用现状

尽管 Web2.0 在教育教学应用中的潜力巨大,但是许多教育技术专家对于当前 Web2.0 在学校中的应用效果倍感沮丧。实证研究发现:Web2.0 在学校中被动应用的现状与所勾勒的社会、社区中积极学习及更加个性化的情景相去甚远。为此,人们

开始担心,因为即使是在设计良好、"富技术"的课堂中,Web2.0也没有充分发挥它的教育潜力。

一项由英国针对那些广泛应用Web2.0技术的学校开展的研究证实了学校中的Web2.0实践并非期望的那样(Luckin等,2009)。该研究发现:(1)大多数学生使用一些Web2.0技术,如在课堂的重要环节中使用社交网站,博客,维基,论坛和在线聊天室,并上传和下载在线资源;(2)存在一些Web2.0的教育教学应用案例,以及一些阻碍Web2.0有效应用的因素。例如,教师在运用Web2.0技术开展协作或合作时通常持谨慎态度,担心这样可能会破坏传统教育的结构。不仅如此,即使是在一些基础设施良好的学校,实践中也存在许多与技术应用、基础架构和宽带连接有关的现实问题,阻碍着Web2.0的应用。(3)Web2.0工具的教育应用很大程度上依赖于学校课程的刚性或弹性要求。并且,教师在网络安全、学校政策方面的顾虑,如学校的上网限制及防火墙,阻碍了Web2.0的教育应用。(4)事实上"学习者在校外使用电脑完成校内作业的平均时间比在校内还长"(Luckin等,2009)。

制度无疑影响着Web2.0在教学中各个层面的应用。Luckin的研究也重点描述了Web2.0在学校中应用的窘态:大多数学生在运用Web2.0工具开展学习及与其他学习者互动时受到限制且方法欠妥,更不用说用它来支撑无限制地、与信息和知识的积极交互。Luckin等(2009)进而总结道,即使在那些已经在课堂中普遍应用Web2.0技术的学校,同样"批判性探究与分析意识几无,协作建构知识的案例屈指可数,社交网站上的作品或信息发布寥寥无几"。乐观地讲,学生的参与,可用Crook(2008)所说的信息和知识的"低宽带交换"来形容——社交情境下真实学习任何潜力的发挥,用合作(co-operation)这一术语更加恰当,而不是个体间的协作(collaboration)。显然,这有异于"建设并维持协作性学习社区的Web2.0思潮"的说法(Crook和Harrison,2008,第19页)。

Web2.0在学校中应用情况欠佳也反映在学生在校应用Web2.0工具的质性研究中。越来越多的深度观察研究表明:欢愉创作作为许多Web2.0实践的核心,却无法轻易地迁移到课堂情境中。比如,最近的质性研究发现在Web2.0社区中培养用户"基于共识的同伴共建"精神的方法很难应用到日常教学中。Grant(2009)针对英国科学与技术学科13—14岁学生使用维基技术开展的案例研究发现：许多教育技术设计者所秉承的集体主义理想与学生运用技术开展学习时所采用的方法之间存在差异。学生所采用的方法"相对封闭"，如Grant（2009）所言，是学习者在当前教育教学系统与学校实践中形成的。无独有偶，Lund和Smørdal（2005）早期在挪威初中开展的wiki协作共建的研究也发现：学习者更喜欢无限制地创建新页面，而不是编辑与完善自己或同学之前完成的内容。据观察，学生们"并没有立即使用任何集体主义所有制或者集体主义认识论上的概念，而且仍然采用其在体制内形成的观念开展实践"（Lund和Smørdal，2005，第41页）。

上述情形也在Web2.0工具的其他研究中得到了验证。Knobel和Lankshear（2006）关于美国儿童在校使用博客的一项研究显示：不但学生在协作过程中缺乏思想和创意，来自组内其他成员的支持性反馈或评论也相对匮乏。并且，该研究用"为何多此一举？"来形容学生及教师等群体的态度。这些反应可能一点也不奇怪，因为学生在学校参与学习活动（根据它们的性质）是强制性的，没有任何选择的余地。因此，正如Kate所言：那些与Web2.0技术相关的社交、集体活动常常只是"华而不实"的活动，对于学业的"真实"实践影响甚微，目前的教学实践仍然"根植于传统的线下活动，阅读、记笔记以及完成标准统一的任务"（Orton-Johnson，2007）。

三、学校中Web2.0"问题"的常见解决策略

当前已经达成的共识是：Web2.0应用比其他方式更符合当今学校与教学的现状。因此，越来越多的教育专家开始寻找导致Web2.0技术在学校中应用欠佳的原因。通常做法是讨论公立教育的缺点，并将这些缺点归咎于教育机构和教育者。教育技术专家们一致认为当代学校和教学的结构要对近五年"阉割"Web2.0技术的潜能负主要责任（Somekh，2007）。学校对于广播式教学法、层级鲜明的等级结构以及规章制度的坚持使得它"很难把握"Web2.0技术所提供的机遇（Bigum和Rowan，2008，第250页）。这些评论反映了学校在"数字化时代"饱受诟病。如Luke（2003，第398页）在Web2.0技术还未兴起之前所描述的那样：21世纪的教育者应该因为不能够更好

地处理数字化学习的复杂性和流动性与坚守"以出版物/书籍文化和个体竞争主义为基础，学习场所局限于课桌，老套的传授教学法与监测方式"间的矛盾而备受谴责。

如此一来，许多导致 Web2.0 在学校中应用欠佳的原因逐渐开始被指出来。学校建筑的基础设施不利于网络铺设与无线技术的运用；教师的年龄、能力或兴趣阻碍他们将 Web2.0 整合到教学中；学生欠缺技能、或者没有恰当的教育类 Web2.0 应用与工具供其学习（不仅仅是娱乐）；校长和学校的其他管理者缺乏目标与远见，而不将群策群力的方法引入到学校组织与管理中；学校课程过于古板，自上而下的信息传播模式从未改变过。总之，许多教育专家与技术专家认为整个学校系统及其内部所有要素都相对落后，没有跟上技术的发展（Dale 等，2004）。

综上所述，许多主张将 Web2.0 应用于教育的支持者们逐渐认识到：学校自身的结构问题才是不能处理好 Web2.0 技术所带来的挑战的根本原因。正如社会学家 Manuel Castells 最近得出的结论："就中世纪以来诸事变化来讲，教育是最保守的系统……交互与超文本下教育的规章、形式、组织是完全不同的"（Castells，2008）。在这些观点的影响下，关于 Web2.0 与学校的诸多讨论正在开始关注如何重构学校体制以满足技术应用的要求与需要。诸多举措应运而生，但基本可以归纳为两类：以 Web2.0 技术与实践完全替代学校；或者通过 Web2.0 工具的应用与实践重塑学校。

（一）以 Web2.0 技术替代学校

在一些评论者看来，除了不断重申学校是学习的可行场所之外，"学校的问题"已经严重到几无选择。由此，越来越多的教育专家开始认为：学校是技术应用的"坟墓"，它不能充分应对新兴 Web2.0 技术所带来的机遇与挑战。学校被认为是来自工业时代的滞后技术，理应废除。至少，越来越多的教育技术学术文献支持以下的观点：为了实现教育的数字变革，必须解决所有对于技术的结构性阻碍与挑战（如学校）。

事实上，类似观点早已被提出：儿童彼此间能够通过 Web2.0 及其他互联网技术更好地学习——在网络环境中通过创作与开展"严肃欢乐"获取教育，而不是受制于传统课堂"呆板"的教学方法（Negroponte，1995；Shaffeer，2008）。如 Henry Jenkins（2004）所指出的：现在 Web2.0 技术为年轻人规避学校的传统体制、为逐渐"在线获得一些学校不能够传授的内容"提供了便利。例如,维基、社交网络和大众分类软件等 Web2.0 工具能够改变这种"发生在特定场所特定时间的特定活动,儿童在其中按要求去学习他们不懂的学科内容"的教育现状(Leadbeater,2008a,第 149 页)。Nicole Johnson 在对澳大利亚初中"专家型"Web2.0 使用者的研究中发现基于家庭的 Web2.0 技术正逐渐使学生脱离学校学习:

> (学生们)能够选择学习的内容与时间。他们视媒体为一种休闲。他们也能够自行选择学习的对象及内容——完全不受专门或特殊信息来源的限制。他们能够在参与中寓学于乐,而无须关心传统教育所制定的等级制度,是否达到学校确定的目标。他们在自己的学习世界中真实地参与并设计。这些青少年专家关于计算机领域的大量知识并不是从正规教育和传统学校中得到的⋯⋯重要的是,这些参与者取得了学校教育没有规定的一些专业水平(他们自己认为)。并且,所有的参与者都宣称学校对于他们专业知识的学习影响甚微(Johnson,2009,第 70 页)。

如 Johnson 所指出的那样,Web2.0 工具具备使学生个休学习"不受约束"的能力——在共同体中,因不同目的接触各色人群,步入各类场所。从这方面看,在 21 世纪,有越来越多的人相信 Web2.0 技术能够完全替代 20 世纪的学校教学模式。

在学校之外,运用技术改进学习的教育技术社区明显增多。从 James Gee 赞扬计算机游戏的学习潜力到未来实验室的"外太空"议程表,一些来自教育技术社区的影响因素显然加速了学校作为主要学习场所地位的下降。事实上,运用数字技术绕开传统教育机构的想法已经在在线服务中显现,如:School of Everything——英国一个颇受欢迎的网站,被设计用来支持教师联系学习者,旨在成为"eBay,教授学校中并未学到的内容"(Leadbeater,2008b);Notschool. net 是一个架构良好且被官方认可的在线平台,旨在使那些无法接受正规教育的青少年能够接受教育,获得优质教育资源;在高等教育中,International University of the People 作为一所非营利性的志愿者型大学,通过开放资源课件与社交网络,提供免费的在线课程(Swain,2009a)。与其说这些案例及其他类似案例是对于传统教育的补充,还不如说是在彻底重新思考并改变现行体制与教育机构的道路上走出的第一步。正如 Leadbeater(2008b,第 26 页)所述,用 Web2.0 提供教育势在必行……

　　我们应该将学习看成类似于计算机游戏的东西,一些没有传统教师而由同伴合作完成的东西……我们只是开始探索在没有自上而下的组织结构下如何组织学习。这个过程中将会有许多错误或失败。但是,这同样也蕴藏着巨大的潜力——创建可惠利于所有人的新知识储备,使创新更加高效,加强民主并提供更多机会来最大发挥他们的创造力。

(二) 运用 Web2.0 技术重塑学校

　　随着"取代之说"日嚣尘上,许多教育专家和一些技术专家都支持将 Web2.0 工具的应用作为重新部署与彻底改造学校的一种手段——保留学校作为一种公共机构的概念,但是要沿着"学校 2.0"的路线,使其更具流动性与灵活性(如 Wang 和 Chern,2008)。"重塑学校"的观点被提到的最多,通常主张发展数字化教育模式,围绕主动的知识共建(而不是被动的个体消耗),并使这种教育模式充满玩乐、表达、反思与探索。任何关于学校和课堂的概念重构都应该以学习者为中心——聚焦于"学习者的参与、创造以及线上角色的形成,关注它们是如何相互作用、支持或供给学习者渴望习得的能力、教学实践或政策"(Greenhow 等,2009,第 225 页)。关于变革与重塑教育的诉求在课程与教学方面得以充分地体现,如教育评论家和利益相关者最近提出的各种主张,支持"混搭教学法(Pedagogical mash-ups)"、"综合性课程(remix curricula)"以及社会交互教学法(如 Fisher 和 Baird,2009;Code 和 Zaparyniuk,2009)。

　　所有这些课程的重新部署均依赖于以下这一观念:Web2.0 技术导致信息与知识产品的多样性,变化快速又不以课本为中心,有赖于批判性与反思性的信息技能与素养(Buschman,2009)。对此,以下呼声日益高涨:要求不再使用"前数字"的课程组织模式,认为课程不应该继续在教师的控制下,围绕固定内容按部就班地开展;取而代之的是,如何更好地开发 Web2.0 驱动的课程被提上议程——这类课程以学习者需求为驱动,为学习者提供管理与获取知识的技能,更多的是协商而不是灌输,并且学习途径与方式是由学习者自己控制与选择的(Facer 和 Green,2007)。因此,越来越多的学者在探讨"课程 2.0"的本质与形式时,将其称为"用户驱动的教育",因为它可使学习者主动选择学习内容、学习方式以及学习时间。当然,这种对课程内容与形式采用的"混搭式方法"也对教育者的专业角色与文化构成了根本的挑战(Swain,2009b)。正如McLoughlin 和 Lee 所总结的那样(2008,第 647 页),所有这些主张都应该围绕教育者改变教学实践、丰富教学方法的需求开展,"不将学习者作为学习内容的被动接受者,而是作为主动的参与者或是知识的共建者,并将学习看成一种参与,支持个体生活目标与需求的社交过程"。

所有这些观点使得我们越来越相信基于技术的协作、发布与探究均应强调学校的教与学。Wcb2.0 应用核心的众众协作被一些评论者鼓吹为具备"改变一切"的潜能　　甚至可以使学生重写并编辑学校的课本(Tapscottyuhe Williams,2008)。例如,重建学校以满足现代技术的需求与要求的呼声不断。从"重组基础结构"的持续呼声到提议将学校环境重新设计为"协作友好"、"相当酷的空间"(如 Dittoe,2006),重新设计与重建学校物理环境的想法也不断得到认可。这些建议中许多想法的前提是认为儿童在与信息和知识进行交互的过程中应受到更多的控制。例如,Marc Prensky(2008)认为"这是一种学生在老师的指导下开展自我教育的新教法"。Donald Tapscott(1999)则称"给予学生这些工具,他们将作为唯一且最重要的推动力来引导学校成为重要且高效的学习场所",这表明年轻人具备影响教学机构改革方向的潜力。所有这些学者均未建议完全废除学校,而是建议做根本性的变革,重新聚焦于学校的定位与功能。

四、理性看待 Web2.0 与学校间关系

乍一看,这些反应与观点中有许多看起来是很理性、很有道埋的。它们使教育克服数字技术带来的挑战是毋庸置疑的,并且也值得努力改变自 20 世纪初就没有发生本质变化的教育系统,使其能够与时俱进、满足 21 世纪的工作与生活。尽管引人注

目,但是当下那些围绕学校与 Web2.0 的讨论之间的不一致,是值得深究与质疑的。尤其是,目前关于 Web2.0 与教育的讨论重复着长久以来教育中对于技术夸张和过度地反应,要求任何事情都要紧紧围绕教与学,而不是教育更宽广的社交、政治、经济境脉。特别是,关于 Web2.0 最常见的教育思维反映了一种隐含的"技术第一"的思维,即 Web2.0 的内在品质就是无论情境或境脉如何都能够影响(无论好坏)学习者、教师及教育。如此看来,目前关于 Web2.0 与教育的讨论一直以来所秉承的关于技术的教育思维都是围绕粗糙但令人折服的"技术决定论"观点的。这种观点认为"社会进步是由技术革新驱动的,周而复始"(Smith,1994,第 38 页)。

技术决定论在 Web2.0 与教育上的关键缺点之一是倾向于将技术驱动的过程作为封闭的"黑箱"来处理。如此一来,认识当下推动教育革新的 Web2.0 的意识形态基础就变得重要了。确实,从本文的例子中我们可以清晰地看出:当下关于 Web2.0 与教育的讨论,其中很多都是关于教育与社会的意识形态的。那些在教育技术社区中提倡的技术变革的各种形式并不是简简单单地运用技术重新调整、促进学校的教与学。无论他们是否意识到,那些主张本质上是很具政治性的。

例如,很多当下关于 Web2.0 与重塑教育(可被看做一系列关于社会再教育的观点)的讨论,将 Web2.0 技术置于"技术式修补(technical fix)"的位置来解决关于学校与教育的广泛问题。至少在过去的四十年里,在一些评论家看来,即使是许多发达国家的教育系统也是不尽人意的,教育还有很多问题亟待解决。对于许多政策制订者和评论者来讲,学校差强人意的绩效表现就像 Stephen Gorard(2001)描述的,当下的教育仍存在"危机"——教育提供的机会越来越趋于两极化,学校因其教育标准饱受诟病。而教育社区的某些部分太过激进,无法运用 Web2.0 技术来使用现成的"技术式修补"解决那些不尽人意的问题,或者至少解决学校的不佳绩效问题。如此看来,针对 Wed2.0 提出的许多观点都不是由于深信技术的教育潜力而提出的,而是因为关心当下社会的教育现状。那么,Web2.0 技术正在被作为工具使用,并且以此在西方社会中形成一种长久持续的趋势,视数字技术为"技术式修补",用于解决更广泛的社会问题。

Web2.0 替代论的思想基础更加多元且隐晦。这些 Web2.0 替代学校的主张被认为滋生于更广泛的反教育观点中,而这种观点长期隐含于关于教育与技术的讨论中,常常以一些反体制思想为基础(Bigum 和 Kenway,1998)。显而易见的是,上文中所提到的诸多大力支持中止学校教育,主张采用技术方法使社会的"去学校化"沿着数字化路线前进——与 Ivan Illich 的观点不谋而合。Illich(1971)谴责制度下的学习,因为教育机构所围绕的一系列制度阻碍了个体的成长及基于社区的学习。这一逻辑与当下数字技术与教育的表达遥相呼应。正如最近 Charles Leadbeater(2008a,第 44 页)总结的,"1971 年'去学校化'被认为是疯言疯语,而在 eBay 和 Myspace 时代看起来就是不证自明的至理箴言了。"事实上,教育专家们广泛认为个体通过 Web2.0 工具开展自主学习的这种趋势源于众多教育人士对于发生在正规教学机构与正式教学情境控制之外的"非正式学习"的益处的深度关注(Sefton-Green,2004)。这可以被看作是"非正式学习"社会理想化的一部分(Misztal,2000)以及日常生活的网络个人主义(Beck 和 Beck-Gernsheim,2002)。

从某种意义上讲,这些观点源自 20 世纪 70 年代以来就大力支持信息技术发展的加州"反体制"理想,是反文化的延续。在教育讨论中应该对 Web2.0 的内涵与基础予以关注。如 Danah Boyd(2007,第 17 页)所指出的那样,对于许多技术专家来说,"Web2.0"及"社交软件"的概念可不仅仅是中性的,它还是对于新活动时代的集体呼吁——"群众主宰,群众享用",而不是一切以官方、机构利益为重。许多技术专家的注意力可能深植于上述那种比较良好的感觉中,但是需要注意的是:这些观点正在为移除公众教育提供便利,使其更能维护新保守主义和新自由主义的利益(Kovacs,2007;Apple,2004)。例如,最近新自由主义就开始将新型的互联网技术作为"结束学校教育"的论据使用(Tooley,2006)。此处的技术被定义为一种理想的工具,用于支持建立"教育中真正的市场,不受任何类型、资金、供给或规则的干扰"(Tooley,2006,第 26 页)。比如 Tooley(2006,第 22 页)指出"技术所具备的能力将由启发性的教师带给数以百万计的年轻人,而不是强迫所有的老师都必须这么做"。

从这个视角看,许多关于 Web2.0 替代学校教育的观点可以放在更大的、关于自由主义的讨论中,放在社会、政治对于数字技术的讨论中——作家 Langdon Winner(1997)将其命名为"网络自由主义"。此处技术的力量和个体的力量(Kelemen 和

Smith[2001，第 371 页]所述的"置于现代文明核心位置中的两种思想")汇聚成一种新的行动与组织模式来代替传统的空间与结构。从这方面来讲，数字技术完全是"拯救世界的救世主"（Kelemen 和 Smith，2001，第 370 页），它由极端个人主义、市场及理性利己力量驱动的意识信念支持（Winner，1997）。所有这些观点与本文之初所提出的使学习更加社会化、集体化的观点背道而驰。

五、结论：更加批判地理解 Web2.0、学校与学校教育

现在，本文关于学校与 Web2.0 技术的政治属性及政治使命的讨论已经十分清晰了。学校及 Web2.0 的讨论并不仅仅是讨论网络宽带，或者 wiki 背后的教学法，还关乎权力与利益、质量与许可、体制与机构以及社会公正方面的问题。从这方面来讲，认清 Web2.0 是一个矛盾的、非连续且存在争议的概念十分有必要——对于 21 世纪教育的缺点与不足，不存在一劳永逸的 Web2.0 解决方案。此外，Web2.0 是一个各方面意识形态竞争与斗争激烈的场所，涉及多方利益：对于技术专家来讲，似乎 Web2.0 为他们提供了第二次获得互联网"权利"的机会——dot.com 繁荣与萧条时所犯下的错误并对于日益增强的互联网服务商业所有权控制予以反击；对于商人来讲，Web2.0 是一场在利益追逐中驾驭技术与控制消费者欲望的新竞争；在教育领域，许多学习技术专家认为 Web2.0 提供了一种重塑教育的既成方式，它使教育变得更加开阔、公平及易实现；而对于新自由主义教育者来讲，似乎 Web2.0 能够提供一种既成方式来使学校与教育脱离"大政府"和各州的控制。

因此，迫切需要重新聚焦于当下的教育讨论与探讨，远离如何最佳运用 Web2.0 技术盘活 21 世纪的学习与教育的观点。因为与其他教育技术相比，Web2.0 应用并不具备所谓既成的"技术式修补"方式来解决世界范围内当代教育系统所面临的诸多社会问题。正如 Scholz(2008)所发现的那样，Web2.0"不是也不可能是解决社会中一切问题的万能药"。对此，建议在讨论 Web2.0 时应该将重点放在 21 世纪的明日学校与未来教育方面，那么更多有意义的讨论应该能够得以开展并深入。正如 Michael Apple(2002，第 442 页)所给出的理由：

关于新技术在社会和学校中的地位的讨论不是也必然不是关于计算机能做什么和不能做什么的技术性纠正。事实上,这些并不是最重要的问题。反之,讨论需要围绕学校应该是什么以及该服务于谁的相关意识形态和道德问题。

目前来看,当下关于 Web2.0 与学校的思考还不够全面,有许多地方尚未言明——这不仅仅是将新技术描绘为具备构建教育新布局与形式的能力。从它所有直观上的吸引力来讲,非正式学习的普适性以及技术助力的个体学习者使得学习的开展过于去政治化(Gorman,2007),过于强调脱离实际的个体学习者。诸如此类的观点过于简单化,将教育的成功仅仅依赖于由志趣相投的个体所组成的小组上,而忽略了在社会中开展教育所需的更加广泛的社会、经济、政治及文化背景。因此,许多关键的问题还未言及,更未得到解决。比如,如果各州不再负责通过学校系统提供教育,那么谁将为此负责? 私营企业及公司资本主义在那种基于 Web2.0 自由实施的教育中承担什么角色? 在使用技术、技能、资源以及如何学习方面有哪些不平等,或者谁将负责告诫他们?

所有这些问题和未明之处表明:学校当前仍是教育责任与权利的主体,放弃学校并以 Web2.0 替代是有风险的。与其反对现存的工业时代学校的整个概念,还不如在学校的宏观政治层面上以和谐渐进的方式解决学校与技术间的"问题"。如 Wilhelm(2004,第 12 页)指出,"按需满足人们,而不是想当然"。如此看来,"替代学校是 Web2.0 技术能够恰当用于教育的唯一方式"这一论断纯属无稽之谈,对于实践没有任何帮助。也许,较有意义的是寻求方法减少全面依靠 Web2.0 技术去变革当今学校这种做法,采用有组织的、"自下而上"的方法去调整学校与教育。更需要注意的是,寻找"松绑"学校情境下运用数字技术的方法,一定程度、非正式地采用 Web2.0 影响学校的数字化实践,而不是大张旗鼓地破坏教育全部的体制与机制。因此,并不是寻求一种完全以学生为中心、不受限制的学校技术应用模式,而是谨慎地思考如何在不破坏现有体制结构与利益的前提下,通过调整校内技术运用框架来调整与改变校内正式学习与非正式学习间的关系。

基于以上所有的内容,今后的讨论与探讨应寻求上述所说的松绑学校技术应用的有力措施,并且应该在研讨中更加关注学习者与教师的声音、观点及意愿。

确实,正如 Daanen 和 Facer(2007)所论述的那样,在教育领域中应用任何技术的关键因素之一就是"谁决定?"这一简单问题。目前就是这种情况,Web2.0 技术的应用正被当成一件板上钉钉的事情传达给学校内的相关教师,毋需做任何协商与调整。然而,Web2.0 技术显然远不止直接传达、简单应用,它对于教育是一件非常重要且有意义的事。因此,之后关于 Web2.0 与学校的讨论应该更加包容、以用户为中心——涵盖与教育相关的所有"大众",尤其是教师、学习者、父母和其他那些缄默不言的终端使用者们:

> 当我们思考新兴技术在重组机构、改变实践与重塑教育方面可能具备的能力时,我们的视野应该更开阔一些,而不是仅仅将其限定在满足未来雇主对于员工的要求上……因此,在开展此方面的讨论时,我们不能仅仅将技术在教育中将发挥的作用局限在技术型工业方面……我们需要设计机制,更加开放、更加大众化地探讨数字时代教育的本质与目的。这远远超过了诸如"满足每个孩子的需求"(谁敢不同意?)这类安全标语的内容。因此,我们需要面对的事实是:努力找到有力的假设——教育是为了什么?谁在主导教育?如何评价教育?(Daanen 和 Facer,2007,第 28 页)

参考文献

Allen, M. (2008), "Web 2.0: An argument against convergence", *First Monday* Vol. 13, No. 3.

Apple, M. (2002), "Is the new technology part of the problem or part of the solution in education?", in Darder, A., M. Baltodano and R. Torres (eds.), *The Critical Pedagogy Reader*, Routledge, London.

Apple, M. (2004), "Are we wasting money on computers in schools?", *Educational Policy*, Vol. 18, No. 3, pp. 513 – 522.

Beck, U. and E. Beck-Gernsheim (2002), *Individualization*, Sage, London.

Bigum, C. and J. Kenway (1998), "New information technologies and the ambiguous future of schooling: some possible scenarios", in *International Handbook of Educational Change*, Kluwer, Springer, New York, NY.

Bigum, C. and l. Rowan (2008), "Landscaping on shifting ground: Teacher education in a digitally transforming world", *Asia-Pacific Journal of Teacher Education*, Vol. 36, No. 3, pp. 245 – 255.

Boyd, D. (2007), "The significance of social software", in Burg, T. and J. Schmidt (eds.), *BlogTalks*

Reloaded：*Social Software Research and Cases*，Books on Demand，Norderstedt.

Brusilovsky，P.（2008），"Social information access：the other side of the social web"，*Lecture Notes in Computer Science*，No. 4910，pp. 5 – 22.

Buschman，J.（2009）"Information literacy，'new' literacies and literacy"，*The Library Quarterly*，Vol. 79，No. 1，pp. 95 – 118.

Castells，M.（2008），"Internet beyond myths：the record of scholarly research"，presentation to London School of Economics，24 October.

Code，J. and N. Zaparyniuk（2009），"The emergence of agency in online social networks"，in Hatzipanagos，S. and S. Warburton（eds.），*Handbook of Research on Social Software and Developing Community Ontologies*，IGI global，Hershey，PA.

Crook，C.（2008），"Theories of formal and informal learning in the world of Web 2. 0"，in Livingstone，S.（ed.），*Theorising the Benefits of New Technology for Youth*，University of Oxford/London School of Economics.

Crook，C. and C. Harrison（2008），*Web 2. 0 Use for Learning at Key Stage Three and Four：Final Report*，Becta，Coventry.

Dale R.，S. Robertson and T. Shortis（2004），"You can't not go with the technological flow，can you?" *Journal of Computer Assisted Learning*，Vol. 20，pp. 456 – 470.

Daanen，H. and K. Facer（2007），*2020 and Beyond：Educational Futures*，Futurelab，Bristol.

Davies，J. and G. Merchant（2009），*Web 2. 0 for Schools：Learning and Social participation*，Peter Lang，New York，NY.

Dede，C.（2008），"A seismic shift in epistemology"，*Educause Review*，May，pp. 80 – 81.

Dittoe，W.（2006），"Seriously cool places：The future of learning-centred built environments"，in Oblinger，D.（ed.）*Learning spaces*，EDUCAUSE，Washington，DC.

Edson，J.（2007），"Curriculum 2. 0：User-driven education"，The Huffington Post，25 June，*www. huffingtonpost. com/jonathan-edson/curriculum-20-userdri_b_53690. html*.

Evens，A.（2009），"Dreams of a new medium"，Fiberculture，vol. 14，*http：//journal. fibreculture. org/ issue14/index. html*.

Facer，K. and H. Green（2007），"Curriculum 2. 0 educating the digital generation"，*Demos Collection*，No. 24，pp. 47 – 58.

Fisher，M. and D Daird（2009），"Pedagogical mashup：Gen Y，social media，and digital learning styles"，in Hin，l. and Subramaniam，R.（eds）*Handbook of Research on New Media Literacy at the K-12 level*，IGI Global，Hershey，PA.

Gorard，S.（2001），"International comparisons of school effectiveness：The second component of the 'crisis account' in England?"，*Comparative Education*，Vol. 37，No. 3，pp. 279 – 296.

Gorman，R.（2007），"The feminist standpoint and the trouble with 'informal learning'：A way forward for Marxist-feminist educational research"，in Green，A.，G. Rikowski and H. Raduntz［eds.］，*Renewing dialogues in Marxism and education*，Palgrave Macmillan，London.

Grant，l.（2009），"HEATHER I DON'T CARE DO UR OWN PAGE! A case study of using wikis for collaborative inquiry in school"，*Learning，Media and Technology*，Vol. 34，No. 2，pp. 105 – 117.

Greenhow，C.，B. Robelia and I. Hughes（2009），"Web 2. 0 and classroom research：What path should we take now?" *Educational Researcher*, Vol. 38, No. 4, pp. 246 – 259.

Hargadon, S. (2008), Web 2. 0 is the future of learning, 04 March, *www. stevehargadon. com/2008/03/ web-20-is-future-of-education. html*.

Illich. I. (1971), *Deschooling Society*, Penguin Books, Harmonsworth.

Jenkins, H. (2004), "Why heather can write", *Technology Review*, BizTech, 6 February, *www. technologyreview. com*.

Johnson, N. (2009), "Teenage technological experts' views of schooling" *Australian Educational Researcher*, Vol. 36, No. 1, pp. 59 – 72.

Kelemen, M. and W. Smith (2001), "Community and its 'virtual' promises: A critique of cyberlibertarian rhetoric", *Information, Communication & Society*, Vol. 4, No. 3, pp. 370 – 388.

Knobel, M. and C. Lankshear (2006), "Weblog worlds and constructions of effective and powerful writing: cross with care and only where signs permit", in Pahl, K. and J. Roswell (eds.), *Travel Notes from The New Literacy Studies: Instances of Practice*, Multilingual Matters, Clevedon.

Kovacs, P. (2007), "The anti-school movement", in Gabbard, D. (ed.), *Knowledge and Power in the Global Economy: The Effects of School Reform in a Neoliberal/Neoconservative Age*, Routledge, London.

Lameras, P., I. Paraskakis and P. Levy (2009), "Using social software for teaching and learning in higher education" in Hatzipanagos, S. and S. Warburton (eds), *Handbook of Research on Social Software and Developing Community Ontologies*, IGI Publishing, Hershey, PA.

Leadbeater, C. (2008a), *We-Think*, Profile, London.

Leadbeater, C. (2008b), "People power transforms the web in next online revolution", *The Observer*, 09 March, p. 26.

Luckin, R. *et al*. (2009), "Do Web 2. 0 tools really open the door to learning: practices, perceptions and profiles of 11 – 16 year-old learners", *Learning, Media and Technology*, Vol. 34, No. 2, pp. 87 – 114.

Luke, C. (2003), "Pedagogy, connectivity, multimodality, and interdisciplinarity", *Reading Research Quarterly*, Vol. 38, No. 3, pp. 397 – 413.

Lund, A. and O. Smørdal (2006), "Is there a space for the teacher in a wiki?", in *Proceedings of the 2006 international symposium on Wikis*, pp. 37 – 46, Odense, Denmark.

Mason, R. and F. Rennie (2007), "Using Web 2. 0 for learning in the community", *Internet and Higher Education*, Vol. 10, pp. 196 – 203.

Mcloughlin, C. and M. Lee (2008), "Mapping the digital terrain: New Media and Social Software as catalysts for pedagogical change" in *Hello! Where are You in the Landscape of Educational Technology? Proceedings Ascilite Melbourne 2008*, *www. ascilite. org. au/conferences/melbourne08/procs/ mcloughlin. html*.

Negroponte, N. (1995), *Being digital*, Coronet, London.

O'reilly, T. (2005), *What is Web 2. 0? Design Patterns and Business Models for the Next Generation of Software*, *www. oreillynet. com/pub/a/oreilly/tim/news/2005/09/30/what-is-web-20. html*.

Orton-Johnson, K. (2007), "The online student: Lurking, chatting, flaming and joking", *Sociological Research Online*, Vol. 12, No. 6, *www. socresonline. org. uk/12/6/3. html*.

Prensky, M. (2008), "The role of technology in teaching and the classroom", *Educational Technology*,

Vol. 48，No. 6，November/December.

Roberts，B.（2009），"Beyond the networked public sphere：Politics，participation and technics in Web 2. 0"，*Fiberculture*，Vol. 14，*http：//journal. fibreculture. org/issue14/index. html*.

Scholz，T.（2008），"Market ideology and the myths of Web 2. 0"，*First Monday*，Vol. 13，No. 3.

Shaffer，D.（2008），"Education in the digital age"，*The Nordic Journal of Digital Literacy*，Vol. 4，No. 1，p. 39 – 51.

Shirky，C.（2008），*Here Comes Everybody：The Power of Organizing Without Organizations*，Allen Lane，London.

Smith，M.（1994），"Recourse of empire"，in Smith，M. and I. Marx（eds.）*Does technology drive history? The dilemma of technological determinism*，MIT Press，Cambridge，MA.

Solomon，G. and L. Schrum（2007），"Web 2. 0：New tools，new schools"，*International Society for Technology in Education*，Washington，DC.

Somekh，B.（2007），"How education systems are emasculating technology"，paper presented to *CAL 07 Conference*，March，Dublin.

Swain，H.（2009a），"Look! No fees"，*The Guardian*，Education Supplement，Tuesday，06 October，p. 7.

Swain，H.（2009b），"Dawn of the cyberstudent"，*The Guardian*，20 January，University Challenge Supplement，p. 1.

Tapscott，D.（1999），"Educating the Net generation"，*Educational Leadership*，Vol. 56，No. 5，pp. 6 – 11.

Tapscott，D. and A. Williams（2008），*Wikinomics：How Mass Collaboration Changes Everything*，Atlantic.

Tooley，J.（2006），"Education reclaimed"，in Booth，P.（ed.），*Towards a liberal utopia?*，Continuum，London.

Wang，S. and J. Chern（2008），"The new era of 'school 2. 0'—teaching with pleasure，not pressure"，in *Proceedings of World Conference on Educational Multimedia，Hypermedia and Telecommunications*，Association for the Advancement of Computing in Education，Chesapeake，VA，.

Wilhelm，A.（2004），*Digital nation：toward an inclusive information society*，MIT Press，Cambridge，MA.

Winner，I.（1997），"Cyberlibertarian myths and the prospects for community"，*Computers and Society*，Vol. 27，No. 3，pp. 14 – 19.

第二章　数字学习资源能够促进革新吗？

Jan Hylén

瑞典 Metamatrix 公司

本章以系统革新视角分析了一项于北欧五国开展的数字学习资源建设与使用方面的研究，审视了三种不同类型的革新：政府发起的革新、商业发起的革新以及自下而上的革新(用户发起)，指出了技术为数字学习资源革新创造的机遇是如何有别于教育的其他领域的，并且呈现了五种可以用于阐释如何加强、促进、发展与整合数字学习资源的"萌芽模式"。最后，本章对数字学习资源的建设与使用、教育中系统革新的一般问题进行了总结，同时提出了一些建议。

一、研究的背景、目标与方法

在大多数 OECD 国家的教育系统内，变革正在发生着，它们的进展各异、动机不同，达到的预期程度也不同。尽管政策制订者的主要任务之一就是管理复杂系统内发生的变革，但是至今也没有完全弄清楚教育变革的动力。并且，时至今日，针对教育革新的相关政策、知识库及实施效果开展的对比研究更是屈指可数。

本章所分析的研究是 OECD 在系统革新方面的部分研究成果，它较好地阐释了校内与 ICT 相关的系统变革过程，包含职业教育和培训领域内对于系统革新的研究。同时，它汲取了先前 CERI 在数字学习资源领域内开展的开放教育资源研究的部分成果(OECD, 2007)，主要有：自下而上革新的优势，围绕免费内容与诸如协作共创等新版权许可产生的新经济模型开展教育行政管理的重要性。目前，这些最新发展将如何影响教育领域内数字学习资源的建设与使用，还未可知。尽管如此，已经有一些机构与个人将他们的知识作为开放教育资源免费提供给他人使用，这也迫使国家需要采用全球化视野来看待数字学习资源的建设与传播——商业化还是非商业化。此外，本章与新千禧年学习者(the New Millennium Learner)项目中 CERI 的研究紧密相关。

　　该研究的主要目的是在政策制订及那些设计用来促进学校数字学习资源开发、传播与使用的公立与私立项目中，评估及评价系统革新的过程。为此，该研究主要收集了以下证据：

　　1. 国家①如何启动与数字学习资源相关的 ICT 驱动的教育革新，涉及哪些人、机构及过程，基于怎样的知识库，过程与成果的评价步骤与标准有哪些？

　　2. 有哪些影响 ICT 驱动的教育革新的政策因素？尤其是那些与数字学习资源的建设、传播与使用相关的政策，包括建设过程中参与的用户及诸如游戏产业和媒体公司等新角色。

　　3. 对于与数字学习资源相关的用户驱动的革新，教育系统如何做出回应？这类革新往往由教师和研究者开展，如数字学习资源的创新建设与使用。

　　并且，与聚焦单个机构变革不同，该研究更加关注如何不断优化与数字学习资源相关的系统革新过程。正如研究报告在分析框架中提到的那样，这类革新过程由启动、实施、普及、监控及评价五个阶段构成。并且，这几个阶段同其他因素，如政府管理及资金支持，共同影响着革新的过程。

　　在关于教育革新的文献中，OECD(2009a)总结并发现：事物对于既定社会情境的新颖程度显著影响着革新的实现。换言之，一项改革可能就是将知名度高的教学实践普及开。因此，与实用主义视角一致，该研究中使用的革新概念是开放的：**革新是引进的变化，旨在完善教育系统的运转方式、提高教育系统的绩效、增加主要利益相关者可察的满意度，或者同时达成以上所有目标**。这一开放定义带来了多样性。

---

① 这里的"国家"没有必要与"政府"等同。尤其在该领域中，会有许多重要的机构与部门参与其中，产生许多自下而上的推动力。

数字学习资源在学校大规模的应用即被视为系统革新。一个重要的问题是：为何教育系统需要革新？这是因为教育系统应该为社会革新服务，而社会革新被看作是推动经济增长和改善社会福利的关键动力。革新非常倚重于通过教育和科学创造的基础知识。一个运行良好的教育系统通过为革新提供人力资源，及在教育与培训中进行革新来推动革新的应用与普及；一个运转良好的教育系统同时也意味着能够适应社会的变化，如全球化、技术发展以及教育系统之外日益受欢迎的非正式学习，同时也需要考虑儿童的个体需要、学习类型差异、特殊需求及特殊才能。为了满足这些需求，教育系统需要完善它们的运作方式、提高绩效及利益相关者的满意度——因此要革新。

该研究采用两种不同的研究方法：分析法和实证法。OECD 秘书处以职业教育与培训领域中 OECD 系统革新的平行项目为基础，开发了一个分析框架，其中也使用了 ICT 政策开发的三个经典核心部分：学校在 ICT 基础设施上的投入；对于教师（和校长）在职培训或能力发展上的投入；在内容与软件工具开发上的投入。实证法则围绕一系列的国家调查和案例研究开展。并且，对于国家的调查并不是为了全面了解这些国家，而是在国家背景报告（Country Background Report）的基础上由专家团队开展案例研究。这些案例由每个国家提供，并经由专家讨论、秘书处遴选。

此外，该研究中使用"数字学习资源"这一术语，并不是为了在该概念的定义上进行任何创新研究，而是仅仅为了说明数字学习资源项目中的一些事宜在概念探讨时所处的位置。并且，该研究所涉及的学习资源仅仅局限在数字层面——本质上是数码的或者数字化的。通过数字的资源，我们来了解以二进制数字格式存在的资源，如数字音频或图像、视频或软件。

二、研究的主要发现

该研究始终围绕革新过程的不同阶段开展研究，尤其关注不同利益相关者在革新的启动、实施、普及、监控及评价五个阶段中所起到的作用及运用不同类型知识的方式。五个阶段形成了一个循环圈，知识在其中起着中心作用，支持所有阶段的发展并且也预示着将来的普及与革新。

表 2.1 重点列出了革新过程不同阶段中与境脉①、输出及利益相关者作用相关的各种问题。这些问题对于解释该研究中涉及的革新案例具有导向作用。

表 2.1　与革新过程相关的情境、输出与利益相关者

	革新过程			
	启动	实施	普及	监控与评估
境脉 资助	谁发起的革新及采用哪种类型的资助方式？	实施的资金由谁提供？	革新由谁开展或普及以及采用哪种资助机制？	资助机制如何影响监控与评估的模式？
境脉 目标群体	谁发起的革新及面向哪类群体？	不同目标人群使用的知识库存在差异？	针对特定用户人群能让普及更容易些？	监控与/或评估的目标人群是？
输出 彻底或渐进的 数字学习资源	谁发起的革新及这种革新是彻底的还是渐进的？	彻底革新与渐进式革新依据不同的知识库？	哪类普及会更容易些，彻底革新还是渐进式的？	彻底革新与渐进式革新的监控与评估方式方法相同？
利益相关者的 作用	启动阶段利益相关者的作用是？	利益相关者知识的作用是？	利益相关者在普及过程中起到的任何作用？	在评估过程中利益相关者所起的作用有哪些？

以下是研究报告中关于五个革新阶段的主要发现：

启动阶段所指的利益相关者即革新发起者，他们可以是政府或者政府机构、地区或者当地政府，也可以是公司或者用户；当在目标群体中审视促进数字学习资源的革新与资助模式时，发现并没有特别的模式。有些意外的是，无论是由谁发起的革新，学术研究的使用至今都很有限。这同样也是启动阶段利益相关者所面临的问题。该研究中几乎所有的革新都是建立在"建好他们自会来用"的基础上的。

与数字学习资源革新相关的实施阶段，包括职业教育和培训领域在内，在某种程度上有别于教育中其他领域的革新。该研究中的数字学习资源案例涵盖较广，从一小群教师创建的新网站到政府发起的活动，再到公司创新的市场供给创新方式。但是，

---

① 境脉是学习科学（Learning Science）领域术语，用来表示学习者所处的情境，同时强调与学习者个体和群体相关的社会、经济、文化背景与环境等。——译者注

其中的案例研究不涉组织事宜,如工作流程的重新设计或者一大群人的工作量的再次核算,这很重要。因为在启动革新之前试点的作用是体现不出来的,渐进式发展是很常见的。

数字革新的普及是很独特的:给组织方足够的带宽和服务器容量,使任何数量的使用者都能够同时使用数字制品。这样的新用户边际成本几乎是零。当谈及建设过程,就像印刷厂一样,普及可能也就意味着增大他们供给数字学习资源的数量。

普及的资助模式关乎革新的可持续性。许多人都有过这样的经历,启动或发起一个项目很容易,而长期维持一个项目却困难重重。可持续性是一个关键问题,尤其是用户发起的革新,同时也包含以下这类项目:项目的启动由政府或欧盟资助,然后转给了商业公司——有时是革新者有意为之,有时也是无奈之举。少数用户发起的革新找到了用户创造内容的资助方式,并以此来普及革新。到目前为止,出版商及政府发起的革新也处于同样的窘境。

监控和评估是革新圈的基本环节。当谈及基于 Web 的革新时,一般采用两种方法来收集用户资料、使用频率及反馈方面的信息:

1. 网页统计:可轻易查到下载量或用户量、用户花在数字学习资源上的时间,用户最喜欢的部分,用户在哪些页面停留的时间最长等等。

2. 用户反馈,通常收集方法不够系统。

这两种方法在不同类型的监控中均被同时使用,出版商和其他商业人士还使用市场统计作为补充。总体来讲,正规评估凤毛麟角,只有欧盟资助的项目常将正规评估强制作为项目的一部分或者采取外部专家评估的方式。

在革新过程所采用的知识库方面,显然,在 20 世纪 90 年代中期大多数政府门户网站建立时,知识库是很薄弱的。在革新过程中,无论是政府机构、公司还是个人在加强知识库建设或者使用已有研究和知识方面所做的努力微乎其微。

教育革新过程涉及的利益相关者范围很广,包含学生、家长、教师、研究者、学校、地区或当地教育部门、私人公司、非营利性机构与慈善基金、政府革新机构、政府(包含州和郡)以及国际组织。这些利益相关者发起或者推动革新的观点不同、动机各异,比如提高教与学的有效性、降低成本机会、找到改善系统的最佳实践,及商人眼中的创造新兴市场及商业机会。

动机与发起革新的原因有关。大多数政府发起的革新或者立足于改进教育系统的长期利益或者是对于当前争议的快速反馈。私人企业发起革新皆因利润，他们当然是没有改善系统的意愿的；他们发起革新的另一原因是为了回应来自外部的竞争，即使当前的革新并不能马上带来收益。教师或者研究者个体的动机似乎来自于改进工作环境的需要以及提高专业发展与教育水平的愿望。

三、政府发起的革新

五个北欧国家中有四个国家从 20 世纪 90 年代中期就开始建立各自的国家教育门户网站。最早是冰岛，教育部购买了之前由一家私人公司运营的具有国家门户网站功能的网站，将其改建为国家门户网站。所有门户网站的建设均呈渐进式，需要经过几个阶段的发展。这些网站面向的目标人群通常是学生和教师。尽管各国采用的策略不同，但是他们都提供类似的服务（如为教师提供主题式数字学习资源与活动、在职培训、相关网站链接等）。网页统计和非系统的用户信息采集是最常见的知识库收集方法，尽管至少有一个国家采用了正规评估（SEI）[1]，还有另外一个国家使用学术知识来支持各阶段的发展。此外，各国间非正式的知识共享与交流似乎是他们相互了解各自发展的另一途径。与其他由政府发起的革新相似，几乎没有利益相关者参与其中，也几乎很少在革新发起前或者在实施与普及过程的评估中运用学术研究成果。这与教育领域中对于国家项目及 ICT 政策的评估与研究形成鲜明对比，后者涉及更多的系统评估与研究。

在这些政府门户建立之时，以下的阻碍因素会对他们的设计与实施带来挑战：
- 这类革新的知识库往往很薄弱，没有足够的学术成果或者坚实的专业知识作为基础。这可能是促成部门及其他国家机构间专家相互学习的原因之一。比如，在北欧部长理事会和欧洲 Schoolnet 的支持下，这种交流已经变得很重要了。

---

[1] 详见章末附表 2.A 的案例研究列表

- 利益相关者的参与很少。北欧五国中在启动项目前基本没有针对教师、校长、当地政府代表、教育出版社或研究者等群体的常规会议。并且，对于当时已有模式和经验的借鉴也很匮乏。
- 没有证据表明20世纪90年代中后期国家教育平台的建设需求来自教师或者学生。

然而，似乎还有一个强有力的推动力——教育决策者们强烈意识到ICT将剧烈改变我们的社会。学校也应随之改变。这与ICT能够促进教育变革的理念相符。当时北欧国家制定的ICT策略，加之借由人力资本的培养、社会发展的推动及社会凝聚力的提升来支持经济增长的抱负，是对教育领域ICT投资的有力支持。

与此紧密相关的是，数字素养是否是未来的一种关键素养。一些国家已经将欧洲委员会及欧洲议会发布的数字素养作为未来发展的一种关键素养（EC，2006），这本身也起到推动革新的作用。在北欧，挪威最为直接，已经将数字素养作为课程的基本素养，并整合到所有学科中；丹麦、芬兰与冰岛不同程度地通过政策达成这种效果；瑞典还正在探讨如何做以及实施到什么程度。

在国家门户网站建立几年之后，伴随着千禧年之际ICT泡沫的破灭，一些国家的政治兴趣有所减退。政治领导力的缺失，推动革新持续发展的任务便落在高级官员、"内部创业者"①身上，以及技术层面上涉及到的部门或者其他相关政府部门。

丹麦和挪威等国家在教育领域的ICT方面仍然保持着浓厚的政治兴趣，这直接推动了一些新的由政府主导的项目的启动，如丹麦开展的ITMF、虚拟体育馆（The Virtual Gymnasium）及ITIF项目（Dalsgaard，2008），挪威开展的数字素养项目更将数字素养直接作为所有学科的核心素养（Erstad等，2008）。

另外一个促进数字学习资源发展的潜在重要因素是国家数字公共资源②的建设，

---

① 维基字典将"内部创业者"定义为在已建立公司内部应用创业者技能与方法的实践（http://en.wiktionary. ort/wiki/intrapreneurship）。
② 北欧国家在公共资源的使用上具有悠久传统。他们可以共同使用森林和高山上的自然资源，如狩猎、钓鱼及草莓采摘。数字公共资源这一概念，源自挪威政府白皮书，它建立在互联网共享文化及资源重用的基础上，主张数字学习资源不仅要尽量多，而且信息与资料的质量也要有保障。并且，它应该聚焦于用户的需求，应该免费供个体用户使用且允许以非商业目的重用数字资源。

它使得个体与公司能够以非商业目的免费共享政府资助的数字资源。

四、商业发起的革新

纵观商业发起的数字学习资源项目，不难发现：在数字学习资源市场的可行性上，大多数北欧出版商缺乏信心。他们认为目前该市场仍然处于初级阶段，存在的经济风险不可低估。但是，同时应该指出的是，也有一些北欧的公司是以制造及出售数字学习资源为生的。出版商们多年来以向学校售卖课本盈利，他们应该在提升国民素养方面承担一定的社会责任。为了激励教育领域内的革新，各国政府应该从不同的角度来审视出版商与课本的关系，为出版商们提供平台，敦促他们对数字素养这一概念做出回应。

出版商们经常理直气壮地表示：教师们应该感谢他们，因为是他们为教师提供了有助于课程实施的资料。然而，这并不意味着教师们只需要课本或者与课本相关的资料。教师们也希望能够轻松获取事先已分类好的信息，能够根据各自需求与期望编辑与使用模块化资源、灵活测试工具，有可供借鉴的实践指南、经典教学案例等，并且还能随时与其他教师进行交流。出版商们应该提供一系列新颖且多样的服务，以此保住其在传统教育市场已经奠定的地位。

纵观各种动力与阻力因素，其中最重要的动力依然是来自学校的实际需求（比如学校准备以市场价格购买数字学习资源）。没有由校内资源匮乏或兴趣引起的实际需求，出版商再怎么创造需求、建立新市场都是妄语。这样做符合他们的长期利益吗？大家普遍认为出版商们在数字学习资源建设上具有中长期利益，他们会逐渐满足这种需求，同时逐步淘汰课本。

初期市场促进革新的中心动力似乎是提供给出版商的政府孵化基金和政府标的。孵化基金降低了出版商的门槛，降低了他们革新时所要承担的商业风险。

另一个关键动力是资源库可以为学校和教师提供关于可用数字学习资源的信息，丹麦资源库 Materialeplatformen 及挪威的 DigLib 正是此类例子。像这样的资源库可以通过用户反馈和下载量统计这类补充方式，来帮助教师评估数字学习资源。

如果数字学习资源挤占了现有课本市场的利润，那么对于那些已经在纸质课本斩获丰厚利润的出版商来说，这也是一个很大的阻力。换句话说，数字学习资源的本地化使得本地出版商陷入两难的境地——既有诱惑也有顾虑。

五、自下而上的革新

该研究中所选的用户主导的革新项目均是典型案例，它们是由一小群富有热情且经验丰富的教师或者研究者们努力且成功实现各自想法的结果。

尽管有一些自下而上的革新已经转化为商业公司（比如 School Web［IC3］和 Katla Web［IC5］、Peda. net［F12］、Lektion. se［SE4］），但是商业化并不是这类革新的推动力量。至少有些革新者在采访中表示，如果拿到的是政府资助，他们继续革新时会更惬意。他们并不把自己看成是商业人士。但事实上，成功将项目商业化对于其他人来讲，也是一种动力。此外，如果教育系统不准备支持或者接受这种因经济或其他原因进行的转化，将会阻碍这类革新。那些习惯使用政府资金清洁教室、订购教学材料的教育系统在这种事情的处理上，有可能欠缺灵活性。

从政策角度来看，有很大空间用来促进、培养与普及此类革新。可用于推动这类革新的政府策略有：

- 提供项目发展基金。项目基金的缺点在于会使很多项目只是为了拿到资助而申报，而非来自真正的需求。一种可行的方案是像欧洲委员会曾经做的那样将基金集中供给。
- 提供孵化基金。小额资助项目创意、方案撰写并将其引荐给现有的基金机构。
- 提供转化基金，帮助那些在初始项目基金资助结束后仍需要时间与资源开展不同商业模式实验的革新项目持续发展。如欧洲委员会曾经的 Accompanying Measures。
- 促进或开发国家或国际平台，用以分享成果、寻找合作伙伴。比如，法国 PrimTICE 的建立使得在初等教育中能够识别、描述、索引并共享 ICTE 的应用。又比如，由欧盟资助项目 eTwinning 提供寻找合作伙人的服务。

- 培养并激励研究及评估项目。这样做可以使政府、政府机构以及发展中的项目或具备革新精神的商业人士借鉴他人的成功经验与教训。

并且，与政府或商业发起的革新相比，革新者与创业者发起破坏性革新(Christensen 和 Horn，2008)的机遇略有不同。他们的机遇出现在主流(在这里指政府、政府机构和出版商)未发现的潜在数字学习资源"市场"——新的供给方式。至少 Lektion. se(SE4)和 School Web(IC3)可以作为这种破坏性革新的例子，他们提供产品与服务的方式新颖且比出版商或者政府机构更简单。二者中由教师创建的资源——往往没有出版商提供的资源精致、设计良好。School Web 向所有人而不仅仅是订阅用户免费提供其网站 30％的数字学习资源，Lektion. se 的商业模式也建立在广告收益上而不是向教师或者学校出售资源。还有一个相似案例是来自瑞典的 Skolporten. com，该公司不直接提供数字学习资源，而是通过网站及每周通讯免费推送与教育相关的信息与新闻。一份来自独立统计公司的官方统计显示，Skolporten. com 大约有来自学校部门的 80 000 个订阅用户①。订阅是免费的，其商业模式与 Lektion. se 的相似——提供与教育相关的新闻，并以诸如会议组织等活动补充。就他们在系统层面产生的影响而言，这三个例子都是非常成功的。

该研究同时还总结了一些阻碍自下而上革新的因素：

- 教师、学校、当地或者国家教育部门不愿意接受并采用这类革新。比如，政府或政府机构认为这类革新缺乏质量保证。这种抵制并没有出现在北欧国家中。五个国家中均有自下而上的案例，并且均在各自国家起着重要的作用。
- 对于发展的评价及协同机制的缺失。芬兰国家的案例报告阐明了该点。专家团队总结道"革新当然是明显的，但是都是小规模的、本地的，其中一些通过国家渠道共享的项目，看不出其成果的价值。在一个去中心化的教育系统中，需要更好的协调来使革新能够跨区域混聚(在 Web2. 0 世界中愈发必要)"(国家案例报告；芬兰)。
- 现有数字学习资源使用率过低，或者说是教师们对于 ICT 的新发展兴趣不高。

---

① 详见 http://ts. se/Public/CirculationNumbers/EmailCertificateList. aspx.

尽管该研究中的多数案例并没有太多考虑来自教师或学生的需求，但是从长远来看，这种做法将会阻碍革新的发展。

除此之外，Empirica 研究项目(2006)发现阻碍 ICT 使用的因素有：没有电脑、无法上网、内容不恰当、动机不足。根据 Empirica(2006)的研究，北欧五国教师在教学中使用 ICT 的倾向，丹麦得分最高。该研究关注三个影响 ICT 教学应用的因素——使用、能力与动机。分别来看，各国在动机上的差异最大。冰岛和瑞典的教师，以及部分芬兰教师，在使用 ICT 方面，动机没有丹麦和挪威的教师强烈，也未达到欧洲教师的平均水平(见表2.2)。造成动机缺乏的原因目前还未得知。但是，如不考虑其他因素，这种缺失一定会影响数字学习资源的使用。

表 2.2　教师们 ICT 的使用、能力与动机

	使用[a]	能力[b]	动机[c]
丹麦	71.3	93.3	70.9
芬兰	63.3	84.9	57.8
冰岛	58.8	88.2	29.4
挪威	68.1	90.9	72.8
瑞典	67.9	93.3	41.4
欧盟 25+2	60.7	82.0	68.4

a 值越高，表明越高比例的教师认为所在学校硬件设施完备
b 值越高，表明越高比例的教师感觉自己在使用 ICT 上得心应手
c 值越高，表明越高比例教师主动使用 ICT
源自：Benchmark Access and Use of ICT in European Schools 2006，Empirica(2006)

此外，还需考虑这种现象是良性循环还是恶性循环。如果政府对 ICT 教与学的应用保持长期关注(如，政府政策和项目，以及参与 ICT 的国际研究)，那么大家使用 ICT 及数字学习资源的兴趣或动机就会很高，尤其是教师。也可能出现教师需求增长，要求政策持续支持，希望获取更多、更好的数字学习资源。如此，良性循环产生了。另一方面，如果国家的政治兴趣较弱，可能会导致政策不清或者项目减少，教师也可能会因此在数字学习资源的使用上有懈怠情绪或较弱的动机。恶性循环意味着对于新 ICT 政策与项目以及数字学习资源的需求比其他国家弱。研究建议认清并打破这种

不良循环。

六、数字学习资源的未来

在信息社会中，无论是在工作中，还是在生活中，具备使用 ICT 和数字媒体的能力对于人的发展都是至关重要的。目前，技术的发展为校内外学习创造了新的机遇。年轻人需要具备数字素养，并且大多数年轻人期望学校能够培养他们具备这些素养。为此，学校需要使用并研究不同类型的数字工具，而不仅仅局限于数字学习资源这种形式。

并且，那些习惯于相对稳定环境的一些角色——政策制订者通过课程为学习设定情境，教育出版商根据课程出版学习资料，学校按照政策制订者的规划实施课程，使用出版商提供的课本教材——正在发生改变。一些新的角色，如媒体公司、广播公司、计算机游戏开发商、国际出版社以及软件开发商已经进入到教育系统中。教师们正在制造并分享的数字学习资源不可想象。学生们在校内外通过因特网使用免费的数字学习资源与数字工具。与此同时，新的数字鸿沟出现了，现在变为谁能够掌握信息流，甄别、融会贯通地使用它，谁无法保护自己在因特网上的完整性并迷失在这种新的数字世界中。教育政策制订者需要对这些挑战做出回应。

地平线年度报告（2009）将"个人网页"描述为今后两至三年内高等教育领域的重要技术发展趋势之一。个人网页是指"计算机用户通过工具集、小工具以及服务可以轻易地创建与组织动态在线内容。当今的学习者，通过标签、分类、更新与追踪内容工具，使得创建与编辑网页变得越来越随心所欲。"在义务教育阶段，这种趋势最有可能对教师造成影响。无论如何，这无疑冲击了现在教师、学习者与出版商的工作、学习方式。到目前为止，该研究报告已经描述了政府、出版商以及教师与研究者群体是如何在那时建设数字学习资源的，而地平线报告所描述的新趋势创造了新的情境，为数字学习资源的建设与使用带来了新的可能性。在这些新的情境中，新的生产模式，新的商业模式以及传播与使用数字学习资源的新方式应该被予以考虑。以下的五种萌芽模式勾勒了数字学习资源建设、传播与使用的创新方式。

第一种模式建立在挪威 NDLA 项目经验之上。该项目是一个关于教师如何更加紧密地参与到建设过程的有趣案例。很多地区的教育机构已经联合起来并决定由他们自己创建一些数字学习资源，以此来改变只向出版商购买的情况。他们邀请一些教师来制作，为其提供与以往相同的薪资水平。因为这些数字资源的制作，是花钱聘请教师完成的，使用的也是学校的工具，所以这些资源全部的知识版权归当地教育部门所有。然后，这些资源连同一些由专业人员制作的资源，被各教育部门通过出版商和媒体公司购买。所有的资源均是以数字格式出版。教育部门决定不仅仅在他们自己系统内共享资源，而且还采用共创共享协议发布所有的资源，这意味着其他教师不仅可以在教学中使用这些资源，还能够修改和重用这些资源。这样一来，就从多个方面挑战了出版商在教育市场的传统地位。

第二种模式与当地教育部门有关。他们应该邀请教师或者专家顾问收集开放教育资源，比如那些已经免费向学校提供的资源和他们有权在学校中使用的资源（通常采用共创共享协议）。这里建议聚焦于已有资源的收集而不是制造，主要工作是编纂资源以满足当地学校的需求。既然资源是开放的，那么当地教育部门间应该共享这些资源，采用元数据对这些数字学习资源进行标签，使得在网上查询与找到这些资源成为可能。

第三种模式是针对需要面对这些挑战的出版商的。一种做法是分解内容并提供小模块的学习资源，而不是完全成熟的产品。教师个体、学校或者当地教育部门应该会订阅这种资源库或者编辑工具，并使用他们自己选择的学习资源。在提供内容的基础上，出版商们应该提供定制服务，满足当地用户的个性化需求。这点与上文提到的开放教育资源模式相似，但是要在内容与编纂过程中严把质量关。要认识到，一刀切的时代已然一去不复返了。

第四种模式仍然指向出版商。他们应该与当地教育部门及教师保持密切的合作关系，就像挪威的 NDLA 那样。出版商的作用有二：一是提供一些内容，二是运用专业知识及相关质量标准来引导资源的编纂过程。这种商业模式的前提是学校或当地政府从出版商处购买服务与内容。

最后一种模式聚焦于教师。教师应该在既没有当地教育部门又没有出版商的支持下仍能够较好地开展工作。互联网为教师协会或类似组织在教育资源方面提供了新的机遇。比如国家数学与科学教师组织发起了一个开放教育资源社区及资源库,激励与促进教师们制造并相互分享资源。Lektion. se(SE4)是教师发起并成功运转一个社区的例子。并且,正如地平线报告(2009)所描述的那样,技术发展使得发现、转换与跟踪内容变得越来越容易了。

希望本章中呈现的观点、研究报告中的研究成果与分析,有助于推动教育中对于数字学习资源及 ICT 的使用与效果方面的研究,使得大家更加重视现代社会中的新技术与数字媒体。

七、结论与政策应用

研究报告中给出了两类结论与建议。第一类与数字学习资源的制造与使用有关,另一类是关于教育领域系统革新的一般问题。

政府可以在革新中起到多种作用,从创造适宜条件到培养或成为革新的引领者。他们常常同时发挥几种作用,这完全依赖于他们在推动领域革新方面的需求。以下的政策建议针对上述提到的所有角色。

为数字学习资源领域的革新创造适宜条件,政府应该:

- 对数字素养予以清晰描述;
- 使商业及其他用户能够免费获取国家资助的信息;
- 联合革新项目促进研究者与创业者间的联系;
- 建立论坛促使革新者与利益相关者间的对话;
- 支持数字学习资源正规知识库的建立。

并且,为了促进数字学习资源的获取与使用,建议政府联合现有的教育门户网站提供不同类型的支持服务,包括商业与非商业的;同时促进教师培训机构开发与使用数字学习资源,无论是职前的还是职后教育。建议当地政府促进教师重视现有的开放教育资源并投入培训,促使教师与学校管理者公平使用 ICT,以及将数字学习资源的使用纳入到教师专业发展的评价中。

为了促进数字学习资源的发展，除了孵化基金以外，政府不仅应该加强发展基金及转化基金的支持，还需加强公、私革新者间的协作。

为了引领革新，政府应该在决定启动新的数字学习资源项目或者使用其他项目替代已有支持项目时考虑他们国家的相关环境。比如，对于较小的国家，可参照欧洲水准来衡量数字学习资源，同时更多地聚焦于本地化。政府也应该重新思考他们在系统关系中的作用，要使用更多的"参与"策略，而不是"下达"策略。

与教育革新讨论相关的一个结论是要认识到技术为数字学习资源革新创造的条件有别于教育的其他领域。成功的 ICT 驱动的革新显然传播很快，并且小规模的、用户主导的革新可以产生系统影响。此外，很难对 ICT 驱动的革新制定普及计划，因为革新是否成功取决于终端用户。

参考文献

Christensen C. M. and M. B. Horn (2008), "How do we transform our schools?" *Education Next*, Summer 2008, pp. 13 – 19, Hoover Institution, Stanford university, Palo Alto.

Empirica (2006), "Benchmarking access and use of ICT in European schools 2006", final report from *Head Teacher and Classroom Teacher Surveys* in 27 European Countries, August 2006, Bonn.

European Commission (2006), "Recommendation of the European Parliament and of the Council of 18 December 2006 on key competences for lifelong learning" (2006/962/EC), *Official Journal of the European Union*, 30. 12. 2006.

Johnson, l. , A. Levine and R. Smith (2009), *The 2009 Horizon Report*, The New Media Consortium, Austin, Texas.

OECD (2007), *Giving Knowledge for Free：The Emergence of Open Educational Resources*, OECD Publishing.

OECD (2009), *Working Out Change：Systemic Innovation in Vocational Education and Training*, Educational Research and Innovation, OECD Publishing.

附表 2.A 数字学习资源项目中的研究案例

附表 2.A 数字学习资源项目中的研究案例

国家	名称	类别	编号
丹麦	EMU	国家教育门户网站	DK1
	Subscription to the DLRs	出版商向学校销售的数字学习资源包	DK2
	ITIF(ICT in the public school)	政府项目,为私有公司制造数字学习资源提供资源与机会	DK3
芬兰	Virtual School including EDU. fi	国家教育门户网站	FI1
	Peda. net	为学校提供数字学习资源的研究与发展项目	FI2
	Areena	YLE 电视制品的数字扩展	FI3
	Abitreenit	由 YLE 制作、提供练习资料给那些准备参加大学入学考试的学生	FI4
冰岛	The Educational Gateway	国家教育门户网站	IC1
	The National Centre for Educational Materials(NCEM)	开发与转化教育资源并将其销售给学校的国家机构	IC2
	The School Web	开发与销售数字学习资源给学校的私营公司	IC3
	The Language Studio	由雷克雅维克城市支持,为北欧语言的远程教学提供支持与材料	IC4
	The Kalta Web	为将冰岛语作为第二语言的教学提供支持与材料。学校订阅	IC5
	IceKids	为生活在国外的冰岛家庭提供母语的学习资源。家庭订阅	IC6
挪威	Utdanning. no	国家教育门户网站	NO1
	Aschehough	出版商,其门户网站是 Lokus. no	NO2
	You Decide	政府发起的以数据保护为主题的运动	NO3

续表

国家	名称	类别	编号
瑞典	IT for Teachers	国家教育门户网站	SE1
	The Course Hub	政府为教师发起的数字学习资源知识库	SE2
	UR and the Media Bank	来自教育广播公司的广播与视频片段	SE3
	Lektion. se	由教师创建、旨在为教师间交流教学计划的网站与社区	SE4

第二部分

技术驱动革新的监测与评价

第三章 ICT 教育应用的监控与评价：澳大利亚案例

John Ainley

澳大利亚教育研究委员会

本章记述了澳大利亚在监控与评价 ICT 教育应用的广泛事宜中是如何形成日益复杂的视角的。特别是，澳大利业的实践展现了他们在复杂的管理系统下是如何监控技术在学校中的应用的。同时，他们真正认识到领地和学校在技术革新教育的深度与广度上存在差异。并且，本章还详细阐述了澳大利亚在收集大量关于年轻人是如何习得基本的数字读写能力，更广义地讲，21 世纪技能证据的具体做法。

一、背景

（一）人口特征

澳大利亚人口 2 100 万，面积 800 万平方公里。虽然总体人口密度不高，却是一个高度城市化的社会。城市之外，乡村人口稀疏，30％的小学学生数低于 100 人，30％的初中学生数不足 500 人。澳大利亚属于高收入国家：成人具备基本的读写能力，具有初中学历的近 50％，大学学历的占 32％。尽管澳大利亚人主要是欧洲背景，但是移民造成了人种与文化的愈加多元。五分之一（22％）的人口出生在海外，大约相同比例（21％）的人在家使用除英语之外的语言进行交流。大约 4％的学生是原著民，他们中有一些人仍旧生活在与世隔绝的部落中。最近几年，ICT 的使用已经成为常态。澳大利亚统计局最近的调查显示，澳大利亚有超过四分之三（78％）的家庭拥有电脑（1998

年为48%)，72%的家庭已经联网(1998年为16%)，62%是宽带连接(ABS，2009)。

(二) 教育制度

澳大利亚具有多个教育系统。尽管整体结构相似，但是八个管辖区域(州和领地)各自为政，进行相对独立的教育行政管理。政策层面的协作则通过教育部长理事会进行，并且近20年来联邦政府的干预逐渐加强，干预方式也与以往不同。这反映在教育领域中对于ICT的支持。澳大利亚教育信息通信技术委员会(AICTEC)是一个全国性的、跨管辖区域的委员会，主要负责给澳大利亚所有的教育与培训部长提供ICT在教育与培训中的使用建议(MCEETYA，2008)。目前该委员会扩大了职责范围，包含为数字教育变革(DER)的实施提供建议。

学校教育除了由州和领地提供以外，私立机构也参与其中，三分之一的在校生就读于私立学校。2009年，就读于私立学校的学生占总体的34%(小学为31%、初中为39%)，这个比例自1970年就稳定增长(ABS，2010)。20世纪90年代，私立学校对于计算机的教学应用非常重视，其中一些学校为每位学生都配备了笔记本电脑(Shears，1995)。

(三) 家庭与学校内的ICT应用

总体来看，澳大利亚的学生经常使用计算机技术。PISA的调查显示：15岁的学生中有77%"几乎每天"在家使用计算机，24%"几乎每天"在校使用计算机(Anderson和Ainley，2010)。这使得澳大利亚是学生在校频繁使用计算机的7个OECD国家之一，这些国家有：澳大利亚、奥地利、加拿大、丹麦、荷兰、新西兰及挪威。

国家评估项目(National Assessment Program，简称NAP)曾开展的国家问卷调查表明(MCEECDYA，2010)：

1. 10年级学生每天在家使用计算机的人数比例近25%，隔天在家使用计算机的近半数(48%)；6年级学生对应的比例分别是25%、30%。

2. 在校使用计算机的频率低于在家使用的频率：10年级学生中每天在校使用计算机的人数比例近22%，隔天使用的为10%；6年级学生对应的比例分别是13%、8%。

澳大利亚学校的计算机配备良好。2006 年的 PISA 调查显示澳大利亚是 OECD 国家中中学计算机配置最好的国家之一，平均生机比为 2.9∶1（OECD，2007）。这个比例在 2003 年为 3.3∶1，2000 年为 4.4∶1，这表明 6 年来澳大利亚学校的计算机资源有了很大的提高。生机比大约为 3 或 4 比 1 的国家或地区还有奥地利、加拿大、香港、冰岛、日本、韩国、卢森堡公国、新西兰、挪威、瑞典、英国和美国（Anderson 和 Ainley，2010）。来自国际数学与科学研究趋势（Trends in International Mathematics and Science Study，简称 TIMSS）的研究表明，澳大利亚 4 年级学生中有 78％在课堂中频繁使用计算机技术，仅排在丹麦（91％）、新西兰（89％）、苏格兰（89％）和日本（84％）之后，与新加坡（80％）、英格兰（77％）、瑞典（77％）及美国（77％）相似（Martin，Mullis 和 Foy，2008）。

二、关注 ICT 在教育中的应用：1990 年至 2000 年

有一些在州级层面开展的项目被设计用来促进 ICT 的教育应用。例如，在维多利亚州开展的项目有：

1.“示范学校项目”

该项目强调校内 ICT 的实践，聚焦于专业发展，并且接受周边学校的参观与学习。一项针对该项目为期两年的研究表明 ICT 对于这些学校的教师与学生产生了影响。当 ICT 与改革被一同引入学校时，教师的行为与表现发生了变化——他们运用技术开展协作并重构了他们的课程与教学方法（Clarkson，Dunbar 和 Toomey，1999）。

2.“校长与教师笔记本项目”

该项目支持校长与教师在管理实践与课堂教学中融入学习技术。作为补贴笔记本电脑租赁的条件，该项目期望教师们使用学习技术进行持续的专业发展。一项于 2002 年 6 月开展的评估显示：校长与教师中有 91％拥有笔记本电脑，85％的校长在日常的学校工作中使用计算机（McDougall，Nicholson 和 Marshall，2011）。类似的项目其他州也有。

20 世纪 90 年代的另一个尝试是“每个孩子一台笔记本电脑”项目。私立学校很

关注这一项目，常在全校范围内开展；公立学校在此方面也有些尝试，有一些试点学校（Rowe，1993）和试点班级（Ainley 等，2000）。

三、ICT 在教育中的目标与计划

澳大利亚学校教育目标《阿德莱德宣言》对于 ICT 在教育中的重要性给予了官方肯定：学生在毕业以后，应该是"自信、有创造力、富有成效的新技术使用者，尤其在 ICT 上，并且能理解这些技术对于社会的影响"（MCEETYA，1999）。这一观点在澳大利亚 2008 年 12 月发布的青年教育目标《墨尔本宣言》中得到了进一步肯定（MCEETYA，2008），该宣言称"在数字时代，年轻人需要在 ICT 的使用上具备更高的能力。"

2000 年，MCEETYA[①]发起了名为"在在线世界中学习"的学校教育行动计划（MCEETYA，2000），后来更新为"当代学习：在在线世界中学习"项目（MCEETYA，2005a）。

总体来讲，该计划针对在线学习的策略有：
- 培养教师有效使用学习技术的能力
- 增强教育中 ICT 基础设施的建设
- 开发课程、教学与管理方面的在线资源
- 促进校内对于 ICT 的理解与使用
- 建立框架支持 ICT 的应用，促进学生的学习

四、支持 ICT 在教育中的应用

（一）网络资源与信息门户网站
由 Education. au 建立的"澳大利亚教育网络"（Education Network Australia，简称

---

① 译者注：澳大利亚教育部、劳工部及青年事务部

EdNA)使得澳大利亚教育机构(学校、大学与高职院校)能够应用新的 ICT 服务、传播并制造符合本国需求的内容与服务。EdNA 的服务为所有的澳大利亚教育机构免费提供优质教育资源。EdNA 设有信息门户网站——EdNA Online(www. edna. edu. au)——提供资源、在线网络、EdNA 沙坑、个人学习空间、在线会议服务，并通过公告板与 RSS 订阅提供教育新闻服务。

Education. au 还支持了其他一些协作项目，如 OzProjects 网站(支持教师参加项目、创建自己的项目及为学生选择合适的在线工具)，International Learning Quest Challenge(为教师在现有课程体系中整合互联网应用提供机会)，以及 Netd@ys International Online Project(促进学生在青年与文化领域中使用新媒体)。

大多数州都建立了网络来连接学校与教育机构。通过这些网络，教师们可以获取州内及 EdNA 的在线资源。比如，在维多利亚州：

1. 联网是首要事务，所有学校必须连接到广域网及包含互联网在内的一系列服务。
2. 建立的数字资源中心作为提供多媒体课程资源的一种方式。
3. 课程开发与学习技术部门通过开发资源与项目来支持州的课程框架。

以上这些资源与服务可以通过教师频道和州教育部网站获得。SOFWeb(网站)则借助互联网提供跨区域的服务，使得国内外用户均可以访问与使用该网站的资源。

(二) 数字资源

Le@rning Federation，由课程公司(Curriculum Corporation)和 education. au 联合管理，是一个主要为澳大利亚和新西兰学校提供数字内容服务的公司。该公司针对教育的合理性，为诸如门户网站、学习管理系统及内容管理系统等新传播系统提供具体的建议与方案。许多学校通过其提供的主软件程序包来达到这些目的。它也开发了"在线学习基本工具集"，可以在综合内容管理系统建成之前，为学校提供管理学习对象的基本功能。州和领地的教育部门也开展各种项目来为学校提供数字内容。一些项目竭力挖掘现有内容并以合理价格售卖给学校。其他项目参与到内容开发中，用来满足来自课程、专业发展及其他教育系统教育重点的需求。还有一些学校自己启动项目来支持本校教师开发新内容。

(三) 教师与领导者的 ICT 能力

州教育政府采集的数据表明，大约 90％的澳大利亚教师至少具备基本的 ICT 能力，50％认为他们运用 ICT 的能力已达到中等水平或以上。中学数学与科学教师能力的调查问卷结果表明（Ainley，Eveleigh 和 O'Malley，2009）：澳大利亚约四分之三（76％）的教师能够"使用文字处理程序创建文档"，58％知道"ICT 适用于哪些教与学的情境"，57％"能够在因特网上找到有用的课程资源"。尽管如此，仅仅 46％的教师能够"使用简单的动画功能创建演示文稿"，42％能够"使用 ICT 来监控学生的学习过程并评价学习成果"，37％能够"在因特网上同其他人在讨论区或用户小组中分享知识与经验"。但是，与其他国家或地区的同行相比，澳大利亚中学数学与科学教师表现出了相当高的自信。SITES 调查表明，澳大利亚 8 年级的科学教师在使用 ICT 上所表现出的自信与新加坡、中国香港、阿尔伯塔、安大略、智利及挪威的教师没有太大差别，但是明显高于其他国家或地区；澳大利亚 8 年级数学教师与香港、新加坡、安大略、阿尔伯塔、丹麦、智利及挪威的教师在运用 ICT 上表现出的自信差异不大，但是却明显高于其他国家或地区（Ainley，Eveleigh 和 O'Malley，2009）。在所有国家中，教师在使用 ICT 上表现出来的自信与 ICT 的实际应用能力存在正相关（平均相关系数为 0.3）。

2003 年发布的教学与教师教育国家评论（Lee Dow，2003）主张 ICT 应该在学校中被广泛使用，并成为所有教师的必备技能。它建议教师教育项目应该培养未来教师具有将 ICT 作为知识管理工具来使用的能力，并以此支持学生学习；同时还主张应该为教师创造机会增长 ICT 方面的专业知识。澳大利亚学校系统启动了专业学习项目来提高教师的 ICT 应用能力：一些学校系统开展导师制的校内专业学习模式；一些形成了形式多样的"卓越中心"，即重点或示范学校，提供典型案例并服务于周边学校教师的专业发展；还有一些学校系统与当地大学达成协议，确保职前 ICT 课程内容与学校中新教师在实践中遇到的问题与挑战保持一致。

Downes 和同事们（2001）对一个通过提供教师专业发展模式促进 ICT 课堂整合的国家项目进行了评估，发现了其中的阻碍因素与促进成功的关键因素，并对项目提出了建议与意见。

1. 他们找到了主要的阻碍因素：资助、时间、缺少衔接。资助的缺乏是造成教师专业发展规模与形式受限的主要原因；时间是影响专业发展的主要因素之一；职前与职后教师在与 ICT 相关的领域中缺乏联系与衔接。

2. 为 ICT 教与学的整合提供持续支持，并通过对现有数据库网站的拓展来为资源和研究提供平台。特别是，EdNA Online（详见网站介绍）应该发挥专业发展资源的作用，支持 ICT 在教学中的整合，促进专业发展网站与其他 EdNA Online 相关网站的联系。

3. 应形成支持网络，连接在线设施，促进教与学中与 ICT 整合相关的专业发展。

4. 要做好 ICT 的教与学整合，相关人员责任重大，要协调好教师专业发展项目、学校领导者、校内 ICT 导师、专业机构的领导者及教师教育者间的关系。

（四）数字教育改革

2007 年通过选举组建的联邦政府主张将"数字教育变革"（digital educational revolution，简称 DER）作为其核心教育举措。DER 旨在支持澳大利亚学校的教与学变革，将为所有9—12 年级的中学生提供新的 ICT 设备并采用高速宽带（光纤）连接所有澳大利亚学校。

DER 努力确保新老教师都能够参加 ICT 应用方面的培训，使他们能够丰富学生的学习。它要求将 ICT 能力作为职前教师的毕业要求之一，同时作为在职教师持续专业发展必须习得的能力。它将提供支持国家课程的在线课程工具与资源。

DER 计划为家长提供参与学生教育的机会，并且搭建平台促使他们能够为学校在 ICT 的使用方面提供帮助（AICTEC，2008）。此方面的实施有具体的策略计划和路线图指导。

DER 的目标也包括要确保学生在全球信息资源与工具的支持下能够进行信息加工、交流与协作，开展欢愉的学习活动。它还计划让教师基于现有的课程标准，在当下学习资源的支持下，设计以学生为中心的学习项目。

五、监控与评估

（一）实施监控

毋庸置疑的是，DER 需要一个评估与监控计划来跟踪实施过程，评价实施的效果与效率。这一计划应该基于部长理事会起草的"数字教育——促使变革发生"文件（MCEETYA，2008），文件就如何在教学、学习与管理中测量校级和系统层面 ICT 的应用情况予以了说明。文件共由十个部分构成，每个部分被分为三个层次：发展中的学校、已完成的学校及示范校。此外，文件还计划针对项目整体开发完整的评估测量。

十个部分如下：

1. 个性化学习

2. 发挥领导力

3. 支持专业学习

4. 连接校外的学习

5. 改进评价并报告

6. 开发、测量与监控数字素养

7. 获取并应用学生信息

8. 提供、获取并管理教与学资源

9. 自动化事务流程

10. 提供可靠的基础设施

(二) 监控 ICT 对于教与学的影响

ICT 在校内的多种整合方式表明存在多种学习需求，具体有：使用计算机作为提高技能与丰富知识的教学传播系统；使用技术作为获取资源、交流、分析与模拟的工具；使用 ICT 来改变课堂及学校组织内的教与学过程；习得 ICT 的知识与技能并理解 ICT 在社会中的作用；发展学习、工作或者更一般的社会事务中需要的 ICT 技能与知识（Kozma 和 McGhee，2003）。评估 ICT 对于教与学的影响的需求已经提上日程，毫无悬念，并且可采用多种方法对这类影响开展研究。澳大利亚在此方面做出的努力有：针对创新实践开展案例研究（其中一些研究使用量表），对特殊情境开展准实验研究以及一些大规模调查。

1. 革新实践的质性研究

质性研究方法能够提供真实情境中人、项目与实践的细节，并描述它们之间的关系。典型的质性方法是就一些案例开展研究，就事论事，基本不是从案例中归纳成果来推广到更大范围。教育研究中的信息技术 II 模块 2（The Second Information Technology in Education Study Module 2，简称 SITES M2）试图找到运用 ICT 开展革新教育的实践模式（Kozma，2003）。它是以质性研究方法为主，基于 28 个参与国家的 174 个案例的研究报告。每个案例描述了一种应用技术提高教与学的创新方法，而研究则通过寻找案例之间及国与国之间的相似性来发现创新的教与学实践模式。SITES M2 遵循以下的严格步骤：案例的遴选（清晰表明遴选标准，并且通过国家渠道或者相关机构、群体获得）、通用测量方法（指案例采访对象及采访内容的结构）、通用数据收集过程（采访每个学校的过程与数量）及严格的案例报告结构。聚类分析技术被用于从大量的案例研究中整合成果。

澳大利亚在其中提供了五个 ICT 创新应用的案例（Ainley，Banks 和 Fleming，2002）。

第一个案例是在初中小说《中国灰姑娘》的研究中运用 ICT。学生们使用各种 ICT 工具，包括 Access Tool Box、微软 FrontPage、MediaGram 和数码摄像机，来建立个人电子档案袋，并存储在校园网上。

第二个案例是使用多媒体开发工具来培养小学生的学习风格。学生被要求在批判性问题的引导下学习课程主题。学生被分成若干学习小组，并被要求使用技术来呈现变化的复杂性。例如，1 或 2 年级的学生通常使用网站及 email 来完成研究，而 6 或 7 年级学生则运用 iMovies 软件，使用脚本制作并编辑视频。ICT 中同伴指导的使用及"技能登记"意味着学生间将发生大量的交互学习。

第三个案例是电子远程教育发展的产物——虚拟学校服务（Virtual School Service，简称 VSS）。这类学校为那些无法接受传统教学的在校生（比如郊外地区）提供高中学科教学。Virtual Priavte Network 连接公立学校，利用一系列软件（NetMeeting WhiteBoards、PowerPoint、交互表单及 WebQuest）来提供课程资源并引导学习过程。

第四个案例是在教学项目中广泛整合 ICT。学生们被分成四个跨年龄组，课程围绕主题开展；教师们在团队中教学，学生则在协作中学习；学生们分享在主题中学到些什么,而教师在了解这些想法后,再由学校两个 ICT 专家建议如何将 ICT 最佳地整合到项目的支持下,然后在每个学期具体开展这些学习项目;学生以小组开展学习,但是以教师评价及展现给家长的成果为基础来建立他们各自的电子档案袋。

第五个案例是持续使用电子通讯(Virtual Bridge)程序作为三所小规模的郊区附属小学的 6 年级学生新生训练项目的一部分。除了使用基础软件 WebQuest,Virtual Bridege 依靠 VPN 来保障学生与七年级协调员之间的信息传输。

另一个系统的案例研究是围绕 107 所学校开展的革新与最佳实践项目(the Innovation and Best Practice Project,简称 IBPP)(Cuttance,2001)。这些学校为了提高学生的学习产出,在各校内开展革新,同时在项目组的督促下研究并评价革新对于不同组学生学习成果的影响程度。该项目发现:

(1) 20 所学校为学生提供发展 ICT 驱动的技能与知识的机会;大多数学校发现革新会影响除了标准课程成果之外的学习与学习成果。

(2) 学校在各自学习环境中使用 ICT 的方式各有不同:许多学校的革新使用计算机和相关硬件来增强学生的学习环境。一些学校通过因特网获取教育资源,尽管宽带是瓶颈。一所学校针对学生开设在线项目,使得他们可以在家或其他场所学习。五所学校使得所有学生能够以小组形式使用笔记本电脑开展学习。

2. 问卷量表的开发

有一些项目尝试设计并使用自报告问卷量表,以期在有限的范围内研究 ICT 对于教与学的影响。其中之一是"课堂计算机氛围问卷"(the Classroom Computer Climate Survey,简称 CCCS)。该问卷由 Robertson、Fluck、Webb 和 Loechel(2004)设计,用以测量塔斯马尼亚州学校的 ICT 应用与实践情况。CCCS 问卷在 2002 至 2004 年间每年向 3、5 及 7 年级教师发放一次。问卷通过以下几个类别的题目来收集信息:

- 教师特征(如对自己 IT 能力的自评、IT 方面的专业发展情况)
- 学生特征(如校内、家中学生使用 IT 的情况)
- 学校特征(如学校拥有的 IT 资源)
- 问卷还包含两个开放问题:"计算机是如何帮助学生在课程中达成学习目标的?"和"你认为计算机将如何影响未来的课堂教学?"

　　问卷调查类项目还有"富技术、重成果学习环境现状调查"(the Technology-Rich Outcomes-Focused Learning Environment Inventory,简称 TROFLEI)：包含 80 题,设计从 10 个维度来评价课堂环境。TROFLEI 建立在现有学习环境量表的基础上,是一个以"课堂中发生了什么?(What is happening in this class,简称 WIHIC)"为基础、聚焦于中学课堂技术使用与效果方面的综合问卷。该问卷已经在塔斯马尼亚州和西澳大利亚州中学学生的调查中采用并验证过了(Dorman,Aldridge 和 Fraser,2004)。

　　还有"运用 ICT 开展学习：课程 ICT 应用情况"(The Learning with ICT：Measuring ICT Use in the Curriculum)调查问卷(Jamieson Proctor 等,2006)。该问卷用于调查学生运用 ICT 开展学习的频率与质量,共包含 20 个题目,每个题目包含从没有到非常频繁四个选项,用以调查学生感知到的教师应用 ICT 的"现状"与"偏好"。分析表明：题目中包含两个强因子：14 个题目围绕 ICT 作为工具来发展与 ICT 相关的能力及提高课程的学习产出,6 个题项是聚焦于 ICT 作为变革的主要组成部分来变革学生的学习内容及学校的结构与组织方式。数据分析还发现男教师在运用 ICT 促进教与学上更加自信;自信的教师更加频繁地运用 ICT 来促进教学。

　　3. 教与学活动的记录与日志

　　很多关于 ICT 影响教育的文献都是基于自报告问卷方法的,但是也有一些采用了其他研究方法。这些方法中包括关于学生或教师的日记或日志、学生使用计算机时模式的分析。

　　有多种方式可以用来监控笔记本电脑对于学生产生的影响。一项针对运用笔记本电脑撰写学生日记展开的班级评估项目(M. Ainley 等,2000)表明：当学生每天带着笔记本电脑从一个教室到另一个教室时,根据他们撰写的日志类型来确定他们对于课堂所学做了哪些思考。基本步骤是：

　　(1) 对学生日志进行采样,开发出能够反映评论范围的编码方式。

　　(2) 将编码系统应用到不同的日志类型中,勾勒笔记本电脑及计算机对于学生学习的作用。

　　(3) 使用电子表格和一些简单的绘图功能来呈现整体结果,并对不同组学生进行对比。

该评估发现:计算机电脑提供了一系列的工具功能;尽管项目中学生与学生的反馈存在差异,但是大多数反馈都是积极的;学生把电脑视为完成任务的工具,与此同时,他们必须掌握如何使用它(M. Ainley 等,2000)。

Allan 和 Ainley(2002)聚焦于 ICT 在具体学科中的教与学应用:社会与环境学科的研究(Studies of Society and Environment,简称 SOSE)。该研究在维多利亚州的 10 个小学内进行,共涉及 28 个 5 年级班级 400 名学生及他们的老师,在"时间、持续性与变化"或者"地点与空间"主题上对老师与学生进行了前后测。在该项目中,教师对他们的 SOSE 单元设计进行了总结,详细描述了学习目标与成果、工具与资源、评价方法及每个活动儿童的分组情况。10 所不同学校的 28 名教师设计了超过 500 个活动。然后,研究者根据 ICT 在活动开展中对于学习、知识与认知过程的作用和其涉及的学习领域,来对这些 SOSE 单元设计中描述的每个活动进行编码、研究。结果表明:

(1) 教师设计的 58% 的活动整合了 ICT 应用的一些形式,但是所有活动中仅有 4% 对于 ICT 的使用予以了专门指导。

(2) 在 SOSE 单元教学设计的活动中,使用 ICT 来研究信息和处理反馈(比如运用信息实现想法或建构响应)更普遍,比例分别为 61% 和 51%。更小比例的活动涉及信息的展示(26%)、ICT 技能的学习(19%)、交互学习(5%)和交流(4%)。

(3) SOSE 活动的设计中(无论是否与 ICT 有关)采用的知识目标分类(根据 Anderson 等分类学),通常被分为事实性知识和概念性知识。设计中几乎不涉及程序性与元认知知识目标,并且目标设计中与认知过程相关的目标中,记忆与理解最为常见。此外,ICT 促进高级思维能力的潜力并没有得到充分发挥。

M. Ainley 和 Hidi(2002)通过关注课堂中可能发生的任何学习任务来研究学生学习的兴趣与动力。这些学习任务被呈现在一个交互式计算机程序包中。而这个程序包内含探测程序,能够在学生完成任务的过程中监控他们的兴趣与情感,并且在任务的结论中将其与学习的测量联系起来。这种基于计算机的方法,使得在学习任务中记录学生感觉、反应及决策成为可能。它可以记录学生在任务中的轨迹、兴趣水平、选择使用的资源及回答问题时做出的决策等日志,并以此进行分析。显然,像这种类型的交互软件在深度探究学生及学习任务的交互方式上具备巨大的教育研究潜力。

这些研究表明：当学生完成任务时，ICT 具备洞察学生行为的能力。

4. 教学实践的大规模调查

澳大利亚作为基准国家（Ainley，Eveleigh 和 O'Malley，2009）参加了 SITES 2006（Law，Pelgrum 和 Plomp，2008）。与大多数国家的调查结果相比，澳大利亚的科学与数学教师使用 ICT 的频率相当高。澳大利亚 8 年级科学教师在过去一年使用 ICT 的比例更高（与新加坡、香港特别行政区及阿尔伯塔相似）。并且，澳大利亚属于 8 年级数学教师使用 ICT 比例很高的国家或地区之一（排在挪威之后）。与其他国家或地区相比，澳大利亚的 8 年级科学与数学教师在 ICT 的使用上很自信。与加拿大、芬兰、香港、挪威等国家或地区相比，澳大利亚中学的计算机通常较少摆放在教室中（更常见的是摆放在计算机教室中）。澳大利亚在使用其他诸如智能白板等 ICT 资源上也相对较多，但是在为学生提供 email 服务和在科学课中使用的数据录入设备上比例相对较低。尽管澳大利亚科学与数学教师在使用 ICT 上表现出自信，但是与诸如中国台北、丹麦、爱沙尼亚、中国香港及以色列等国家或地区相比，他们较少地参加与 ICT 相关的专业发展项目中。来自 SITES 的数据表明需要为教师的专业发展提供更多的机会，并且不应该停留在入门水平的课程上。

当教师参加与 ICT 相关的专业发展项目时，或者当存在较少的阻碍（基础设施、数字学习资源、获取）时，ICT 的使用与教师在 ICT 使用上的自信水平成正比。澳大利亚，与大多数国家一样，科学教师自报告的 ICT 使用比例远远高于数学教师。由此可以推断，学科能够显著影响教学中 ICT 的应用情况。这可能是因为一些学科自身更倾向于将 ICT 应用到教学中，也可能是因为一些学科具有较强的革新传统，或者说数字资源在一些学科中比其他学科中更易获得。

在 ICT 与教学整合方面，被提到最多的阻碍因素是设计与实施活动需要时间。另一个被提到的因素是学校数字学习资源及学生对于 ICT 工具的可得性。基础设施仅被四分之一的澳大利亚教师视为阻碍 ICT 应用的因素，相似比例的教师认为他们已有的知识局限了 ICT 的教学应用。这些同样适用于科学与数学教师。学校校长也指出教师在运用 ICT 上时间的缺乏阻碍了教学中的整合。校长们指出的提高校内 ICT 应用水平的四个首要事项中有三个均与教师有关：提高教师在教与学中整合 ICT 的能力，提高教师的技术素养以及增加教师运用 ICT 开展教与学活动的机会。

(三) 评估 ICT 素养的过程

2005 年，澳大利亚在全国范围内开展了三年一轮的学生 ICT 素养调查（Ainley 和 Fraillon，2007；MCEETYA，2007；MCEECDYA，2010），采用一种基于计算机的创新评价方式。澳大利亚国家 ICT 素养评价所开发的基于计算机的评价结合了自动化技能评价并产出涵盖信息评估与整合的复杂学习成果。该评价量表将多种题型结合到单一、不间断的评价执行过程中。在每个评价模块，学生们在软件的模拟情境中回答问题并通过结构性反馈来评价知识，同时在情境应用中完成任务评价。这些任务成果是每个学生在持续营造的环境中创造的，同时整个过程被记录下来并由受训过的评价者使用标准化量规进行评价。评价量表由 7 个主题模块构成，每个学生选择其中三个来完成。开展含有多个模块评价的一个原因是为了确保评价量表能够尽量覆盖真实情境下 ICT 的常见应用。

在真实情境中完成真实性任务被视为此类 ICT 素养评价设计的基础。该评价模型定义了一个变量——ICT 素养，并且通过三个方面开展评估：

（1）第一方面：识别要求的信息；形成并实施策略来发现信息；判断信息的来源与内容的完整性；组织与存储信息以便检索和重用。

（2）第二方面：使用与编辑信息；判断信息产品的本质；重构并扩展现有信息以获取新的理解；与他人的协作与交流。

（3）第三方面：理解 ICT 影响个体与社会的能力，以及有道德地使用与交流信息的责任。

2005 年开展的评价采用每组 6 台联网且安装必要软件的笔记本电脑进行。评价管理者携带联网电脑至每所学校开展评价，对 520 所学校大约 7 400 名学生进行了调查。2008 年则广泛运用学校计算机电脑通过插件将数据传输到服务器上（68％的学校），登录服务器填写（19％的学校），使用带到学校的联网计算机组填写（14％的学校）。这轮调查在近 600 所学校 11 000 名学生中开展。

针对各州间及各组学生填写的 ICT 素养问卷,我们发现了 6 个不同的精熟水平,如表 3.1 所示。6 年级学生的精熟标准定在水平 2 至 3 之间,而 10 年级学生的精熟标准定在水平 3 至 4 之间。对比 2005 年与 2008 年的调查结果,6 年级学生 ICT 素养有提高,10 年级学生也有提高的趋势(统计上不显著)。

ICT 素养与社会经济背景和本土现状有关。ICT 素养也在地理上存在差异:城市学生的 ICT 素养得分高于城郊的学生,而城郊的又高于边远地区的学生的得分。调查结果同时发现,学生在家与在校使用计算机的频率有所提高,并且这种提高可能是促使 ICT 素养提高的一个重要因素。最频繁的应用是社交类软件,其次是娱乐类,最少的是学校规定的计算机技术。

表 3.1　2005 和 2008 年 ICT 素养精通水平描述与百分比分布

水平	精熟水平描述	百分比 6 年级		百分比 10 年级	
		2005	2008	2005	2008
6	学生创建的信息制品能够展现其对于技术的精熟程度、设计与制作水平;运用软件特色组织信息,综合并重现数据,并以此为基础制作信息制品;设计的信息制品与具体的交流模式及受众保持一致,并使用可得软件特色来提高他们成果的交流效果。	0	0	0	1
5	学生能够评估信息的可信度,并选择最恰当的信息来满足具体的交流目的;制作的信息制品能够体现他们的设计思路和技术素养;使用软件特色来重塑和图形化呈现信息,并与展示风格保持一致;设计信息制品时结合不同元素,并准确呈现他们的源数据;使用可得的软件特色来提高信息制品的表现力。	0	1	12	18
4	学生能够对电子信息资源开展目标明确的搜索,并在资源中选择恰当的信息来满足具体的目的;使用简单线性结构来创建信息制品,并使用软件命令来编辑和更改信息制品的格式,同时考虑制品的受众及交流目的;能够在应用 ICT 时识别出可能会发生迷航的情境,并解释采用哪些策略可以避免迷航。	8	15	49	47

水平	精熟水平描述	百分比 6 年级		百分比 10 年级	
		2005	2008	2005	2008
3	学生能够提出简单的搜索问题并且能够选择最佳搜索源来满足具体的目的;能够从给定的信息源检索信息用以解答具体的问题;按照给定的线性顺序来组织信息、创建信息制品;会使用常见的软件命令来编辑和更改信息制品的格式;能够识别出 ICT 应用中常有的迷航情况以及避免方法。	41	41	32	26
2	学生能够从给定的电子资源中找到简单、直接的信息;能够在指导下对现有信息制品做些补充或简单修改;可以通过对信息制品的编辑来创建成果,但是这种成果在设计与信息管理上欠缺一致性;能够了解并识别基本的 ICT 电子安全及健康与安全使用常识。	39	30	6	7
1	学生具备基本的计算机及软件操作能力;能够进行最常使用的文件管理,并在指导下运行软件命令;了解最常使用的 ICT 术语和功能。	13	13	0	1

参考文献

Ainley, M. and S. Hidi (2002), "Dynamic measures for studying interest and learning". In P. R. Pintrich and M. L. Maehr (eds.), *Advances in Motivation and Achievement: New Directions in Measures and Methods*, Vol. 12, pp. 43 - 76, JAI, New York, NY.

Ainley, J., D. Banks and M. Fleming (2002), "The influence of IT: perspectives from five Australian schools". *Journal of Computer Assisted Learning*, 18(4), pp. 395 - 405.

Ainley, J., F. Eveleigh and K. O'Malley (2009), *ICT in the Teaching of Science and Mathematics in Year 8 in Australia: a Report from the Sites Survey*, Department of Education, Employment and Workplace Relations, Canberra.

Ainley, M. *et al.* (2000), *Computers, Laptops and Tools*, Australian Council for Educational Research, Melbourne.

Aldridge, J. M., J. P. Dorman and B. J. Fraser (2004), "Use of Multi-trait-Multi-method Modelling to validate actual and preferred forms of the Technology-rich Outcomes-focused Learning Environment Inventory (TROFLEI)". *Australian Journal of Educational and Developmental Psychology*, 4, 110 - 125.

Allan, A. and J. Ainley (2002), "Engaging the child or engaging the computer? A study of how teachers and students use and experience information and communication technology in the upper primary classroom", Australian Council for Educational Research, Melbourne.

Anderson, R. and J. Ainley (2010, in press), Technology and Learning: Access in schools around the world. in B. McGaw, E. Baker, and P. Peterson, *International Encyclopedia of Education*, 3rd edition, Elsevier, Amsterdam.

Australian Bureau of Statistics (ABS) (2009), *Household Use of Information Technology*, Australia, 2008 - 09 (Catalogue No. 8146.0), Australian bureau of statistics, Canberra.

Australian Bureau of Statistics (ABS) (2010), *Schools Preliminary Australia*: 2009 (Catalogue No. 4220.0), Australian bureau of statistics, Canberra.

Australian ICT in Education Committee (2008), *Success through Partnership: Achieving a National Vision for ICT in Schools*, Canberra.

Clarkson, P., A. Dunbar and R. Toomey (1999), *Whole school reform and the use of ICT: an evaluation of the navigator schools project*, Department of Education, Employment and Training, Melbourne.

Committee for the Review of Teaching and Teacher Education (Kwong Lee Dow, Chair) (2003), *Australia's Teachers: Australia's Future—Advancing Innovation, Science, Technology and Mathematics*, Department of Education, Science and Training, Canberra.

Cuttance, P. (2001), *School Innovation: Pathway to the Knowledge Society*, Department of Education Science and Training, Canberra.

Dorman, J. P., J. M. Aldrige and B. J. Fraser (2006), "Using students' assessment of classroom environment to develop a typology of secondary school classrooms", *International Education Journal*, Vol 7, No. 7, pp. 906 - 915.

Downes, T. *et al.* (2001), *Making Better Connections: Models of Teacher Professional Development for the Integration of Information and Communication Technology into Classroom practice*, Department of Education Science and Training, Canberra.

Jamieson Proctor *et al.* (2006), "ICT integration and teachers' confidence in using ICT for teaching and learning in Queensland state schools", *Australasian Journal of Educational Technology*, Vol. 22, No. 4, pp. 511 - 530.

Kozma, R. (ed.) (2003), *Technology, Innovation, and Education Change: A Global Perspective: A Report of the Second Information Technology in Education Study* (SITES) *Module 2*, International Society for Technology in Education, Eugene, OR.

Kozma, R., and R. McGhee (2003), "ICT and innovative classroom practices", in R. Kozma (ed.), *Technology, Innovation, and Education Change: A Global Perspective: A Report of the Second Information Technology in Education Study* (SITES) *Module 2*, International Society for Technology in Education, Eugene, OR.

Law, N., W. Pelgrum and T. Plomp (2008), *Pedagogy and ICT Use in Schools Around the World: Findings From the IEA SITES 2006 Study*, Comparative Education Research Centre, University of Hong Kong, Hong Kong.

Mcdougall, A., P. Nicholson and A. Marshall (2001), "Context and outline of the DEET's 'Notebook computers for teachers and principals' initiative: Initial evaluation findings", *ICT in Education*, Vol. 24, No. 1, pp. 17 - 22.

Martin, M. , I. Mullis and P. Foy (2008), *TIMSS 2007 International Science Report: Findings from IEA's Trends in International Mathematics and Science Study at the Fourth and Eighth Grades*, lynch school of education, Boston College, Chestnut Hill, MA.

Ministerial Council for Education, Early Childhood Development and Youth Affairs (MCEECDYA) (2008), *Melbourne Declaration on Educational Goals for Young Australians*, Curriculum Corporation, Carlton.

Ministerial Council for Education, Early Childhood Development and Youth Affairs (MCEECDYA) (2010), *National Assessment Program—ICT Literacy Years 6 and 10 Report 2008*, Curriculum Corporation, Carlton.

Ministerial Council for Education, Employment, Training and Youth Affairs (MCEETYA) (2007), *National Assessment Program—ICT Literacy Years 6 and 10 Report 2005*, Curriculum Corporation, Carlton.

Ministerial Council for Education, Employment, Training and Youth Affairs (MCEETYA) (ICT in Schools Task Force) (2008), *Digital Education: Making Change Happen*. Curriculum Corporation, Carlton.

Ministerial Council for Education, Employment, Training and Youth Affairs (MCEETYA) (1999), *National Goals for Schooling in the Twenty First Century*, Curriculum Corporation, Melbourne.

Ministerial Council for Education, Employment, Training and Youth Affairs (MCEETYA) (2005), *Contemporary learning: Learning in an Online World*, Curriculum Corporation, Melbourne.

Ministerial Council for Education, Employment, Training and Youth Affairs (MCEETYA) (2000), *Learning in an Online World: the School Education Action Plan for the Information Economy*, Education Network Australia, Adelaide.

Ministerial Council for Education, Employment, Training and Youth Affairs (MCEETYA) (2005), *Contemporary Learning: Learning in an On-line World*, Curriculum Corporation, Carlton.

Ministerial Council for Education, Employment, Training and Youth Affairs (MCEETYA) (2008b), *Australian ICT in Education Committee Workplan 2008*, Curriculum Corporation, Carlton.

Rowe, H. (1993), *Learning with Personal Computers*, Australian Council for Educational Research, Melbourne.

Robertson, M. et al. (2004), "Classroom computer climate, teacher reflections and 're-envisioning' pedagogy in Australian Schools", *Australasian Journal of Educational Technology*, Vol. 20, No. 3, pp. 351 - 370.

Shears, L. (ed.) (1995), *Computers and Schools*, Australian Council for Educational Research, Melbourne.

第四章 以研究推广与普及技术驱动的革新：新加坡案例

David Hung，Kenneth Lim，David Huang

新加坡南阳理工大学国立教育学院

本章通过案例研究透视了新加坡在 21 世纪技能培养方面的经验与智慧。选择的案例在许多方面都具有代表性，尤其强调国家整体规划上的设计、实施与评价。其中，对于技术驱动的革新的支持、监控与评价在这类规划中起到重要的作用。本章的贡献在于探讨了实践者、研究者、政策制定者在革新的成功实施及普及方案的设计过程中的不同作用。对此，本章建议要对从革新启动到实施的转化过程予以足够重视。

一、概述

对于教育革新的推广与普及的研究一直在进行，方法多样（日趋多元），领域广泛（日益扩大）。革新在《革新的扩散》(Rogers，1964)一书中被定义为任何新的想法、实践或物体，并且革新的扩散程度可以被量化，能够通过社会、时间及空间维度上革新采用的数量来衡量。像这样的革新普及观点是以结果为导向的，"普及"成功的程度（绩效指标）是根据具体的建设数量来衡量的（比如，教师的数量、学校的数量、学校群的数量）。对此，本章建议应该拓展 Roger 对于革新的定义，将价值加入其中，此处来讲，即是将价值添加到以技术为中介的教与学的过程中。

像《革新的扩散》这种以结果为导向的革新普及理论，它的局限在于先前开展革新的人在共同体中参与并完成革新转化的过程（不仅仅是影响因素）往往不受重视，被研究所忽略。这背后的假设是：革新的"结果"可以被大规模地复制，不用（并且无需）对最初的革新做出大的调整。

这类普及的观点源自 20 世纪的福特式生产范式（并被用于教学设计的传统观念中），相关案例在新加坡学校系统中比比皆是。目前，这类观点受到诸如"实践共同体"等范式的挑战，后者重视社会与境脉方面的影响因素，以及人与活动间的相互关系。换言之，后者是面向过程的，并且这种过程是在共同的行为准则、历史与文化中进行的（Wenger，1998）。

本章的目的在于促进读者深入了解这类以过程为导向的革新普及观点及境脉视角，使读者认识到每次转化迭代对于境脉的依赖性。并且，本章有意针对技术驱动的革新开发出一种适合本土的转化—普及框架。我们研究的前提是革新的推广与普及应该基于以下假设："扩散"拟面向的人群通常对于革新是没有准备的。因此，过程非常关键，需要认真对待转化和普及的设计与实施，使得革新扩散到这些目标人群中。

21 世纪的学习与必需技能迫使我们彻底重新思考革新普及的框架。仿效 Latour（1993），本章主张一种更加细腻、境脉化的革新普及观点——明确肯定本地环境影响因素及其与最初革新和历次革新实施间的交互作用。为此，我们需要转换视角，通俗地讲，从视革新的普及为"批量克隆"转变为"拷贝不走样"。这种"拷贝不走样"的根本在于：第一，清晰认识到革新的推广与普及始于教育研究，且需要同时注重过程与结果。第二，革新的普及是一个过程，它不是克隆，而是革新的再创造、再物化、再实施。这类物化与实施发生在革新的过程中，形成的产出被称为人工制品和边界对象。后者在产品、过程与参与者—实践者间的对话与交互中形成共识、具体化。我们相信这种革新推广与普及的框架将影响新加坡许多教育研究的干预方向。总之，那些对于革新的再物化不是克隆，而是与最初革新相似的再创造。这对于技术驱动革新的普及至关重要，因为对于教与学的支持过程是探究式的：教师不仅必须有所产出，还须重新境脉化革新（探究）过程——通常与课程和评估资源有关——在他们各自的境脉中，秉承与最初革新保持基本一致的初衷。

在与转化相关的文献中，普遍认为有两类转化（医学研究所的临床研究圆桌会议，Sung 等，2003）：转译研究（T1）和转化研究（T2）。T1 主要采用演绎推导的研究方法，常在相对同质且资源丰富的境脉下开展。T2 是指将 T1 的成果传播、实施并扩散到共同体实践与政策中（如 Narayan 等 2000；Schllinger，2007）。传播是指将指定信息及干预资源成功分发到目标对象中；实施可以看作是在既定（如政治的/专业的/社会经济的/组织的/态度的）境脉下，在具体的实践中，通过设计、实施策略干预目标内容（如实践者诠释研究证据，并根据解释设计干预策略）；扩散，重点在于关注促使目标人群大量成功采用革新的影响因素上。并且，这种"成功采用"可以在实践或者革新以及借由传播进行的大规模干预中得以进一步分析。

与转化科学不同，扩散研究可追溯至 20 世纪中期。Kroeber（1940）和 Hägerstrand（1967）撰文对其进行了广泛探讨。并且，与当下讨论紧密相关之处在于其强调扩散源不是单一的、权威的，扩散还可以通过其他模型进行，如蔓延和层次结构模型。因此，应该认真对待变革代理（agents）。对此，Roger（1964）关于革新者、早期使用者、前期主体、后期主体及落后者的特性描述很有借鉴意义。

T2 有哪些关键绩效指标？在关于转化的文献中，Glasgow（1999）所述的 RE-AIM 框架被频繁引用并且比较权威地回答了这个问题。该框架从五个维度清晰地描述了如何评价个体与组织层面的转化。在个体层面，评估任何既定转化是否成功的标准可用"达成"（进入到目标群体的成员中）、"成效"（真实境脉中有效干预的能力（与功效对应））、"保持"（在个体中持续一段时间）来衡量。在组织层面，评估任何既定转化是否成功的标准可用"采用"（在目标情境和指定机构中）、"实施"（项目组成员要与上述提及的内容、境脉及过程保持一致）和"保持"（在群体中持续一段时间；背后隐含的是创新/革新的维持及由此做出的调整）来衡量。与其他的干预（相对主观的方法）相比，RE-AIM 框架非常有用，它可以为政策制定和项目评估提供评估结构。并且，它还可以通过五个维度的权重来呈现政策与基金的优先次序与重要程度。为了突出本章的观点，此处不过多赘述。

二、可行方案

综上所述，以过程为导向的转化框架不会阻碍结果及其他物化成果的产出。根据新加坡的实践经验,我们发现:革新——无论是教与学的还是技术的——通常始于研究项目。这些研究(来自新加坡学习科学实验室)通常属于 T1 的范畴。其中,设计研究方法在许多学习科学实验室(新加坡)以技术为中介的研究项目中常被采用。借此,研究者与实践者在校本革新中协作共建整个干预过程。通过这些干预,我们逐渐认识到为了使 T2 发生,需要对设计原则、准则与步骤予以充分、详细、具体且明确地编码,描述人们需要做的准备及应该遵循的基本原则(见图 4.1)。除了这些设计原则,还应该对技术革新的原型(产出)予以描述。并且,如果不以恰当的方式深度融合隐含于参与者各自行动理论设计原则背后的哲学基础,那么像这样原型的推广或普及迟早会有问题,革新所物化的产出可能就会产生危害性突变,这出乎了最初革新者的意料,但是对于那些支持过程导向的研究者来讲却不难理解。此外,这些产出可能是不恰当的(尽管方法没错、动机良好),可能会侵害革新发起者的知识产权。应该如何调和这些事宜,处理这类突变引起的棘手问题呢?

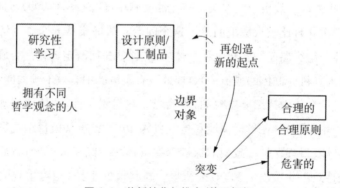

图 4.1 革新转化与推广/普及框架

与再创造及"拷贝不走样"而不是克隆保持一致的是,我们发现突变是不可避免的,并且是期望的、健康的。从哲学角度来看,革新的每次境脉化亦不可能与之前任何一次革新物化的成果保持一致。因为社会境脉是混沌且不可预测的(Poincaré,1890)。因此,问题并不在于突变自身,而是应该考虑这些突变可能带来的危害程度!危害性通常是针对最初的革新来讲的。并且,既然突变是不可避免的,那么就应该聚焦于突变是否合理,而不仅仅考虑有多大危害。就合理性而言,我们认为突变虽然已经与最初的研究项目设计不同，也没有遵循非常具体的设计原则，但是却是在合理原则内的广泛具化。

我们认为框架（见图4.1）转化设计的中心原则是：

- 具身化
- 汇聚
- 对话
- 中介

具身化是指通过有目的的设计，使人们（研究者、实践者、中介者）积极参与到研究项目及随后的社会实践中。通过具身化，参与者们既取得了物化的显性知识，又获得了隐性的理解，后者则只可意会不可言传（比如一幅画）。

与设计研究方法一致的是，需要对研究项目中学习到的设计原则予以总结和描述，即汇聚。具体细节因研究项目千差万别，但是一般首要原则是那些对设计原则有兴趣的人在应用这些原则创建案例（如视频案例，但不局限于此）和设计课程及评估资源时应该对这些原则抱有信心。此外，为了避免危害性突变，那些推广革新的人们需要理智地、持续地理解初始项目的哲学基础。虽然无法通过传统的"分享环节"获得，但是还可以通过交流项目或导师类项目进行交流与分享。

紧随其后的是"对话"，这也是参与者的诉求。无论是在研究项目中还是在随后的物化过程中，对话一直围绕汇聚的内容进行。在这个过程中，对话可使错误的概念得以澄清、理解得以提高；新参与者们也能够在与研究—转化共同体不同成员（研究者、参与者、中介者）的对话中逐渐融入其中。这里的关键之处在于利益相关者从一开始就应该通过边界对象（如设计的人工制品）建立起共同的语言体系并达成共识。既然转化必须本地化，那么产品必须对于参与者是重要的且可行的，他们必须解决当地关心的问题（Glasgow和Emmons，2007）。

中介的作用在于促进他人能够深入了解最初的研究项目，在随后那些秉承不同目标与哲学、但是运用具体且相同的设计原则与资源的个体间进行协调。中介还需要将不同群体的人凝聚到一起——因为他们各自不同的哲学主张——可能不会在同一事宜中主动顾及到他人的认识论。

三、从研究项目到推广与普及

首先，再次重申，我们的出发点是研究项目。如表 4.1 所示，研究项目的孵化过程是个探索的阶段，是有目的地在学校内试点不同干预手段的过程。更重要的是，设计研究从一开始就要求参与者的参与。并且，需要注意的是：像这样的参与并不是各顾各的自言自语，而是参与者基于相互信任与尊重的真实对话。其次，即使在进行转化与汇聚设计原则时，仍然有必要将对话式谈话扩大到后续的利益相关者中，就潜在的挑战与问题（如知识产权）进行讨论，为以后的推广与普及奠定基础。最后，在推广与普及的过程中，应该研究不同境脉下参与者的具体举措，借此建设与发展实践共同体。这可以使所有利益相关者将他们各自的学科理解和价值带到共同体的对话中。而中介要调和好这些价值观，使各方互相尊重。

表 4.1　从研究项目到推广与普及的三个阶段

阶段	基本原则	关键转化问题
孵化研究项目（T1）	研究项目需要改变当前教与学实践的现状	应该如何找出那些对推广与普及具有潜力的研究项目？标准有哪些？
	研究者要自始至终与实践者共同协作设计与实施	如何看待设计研究项目的转化、推广与普及？
汇聚与架构	在进行推广与普及之前，需要一个阶段就推广与普及中可能会出现的问题进行对话与思考。这些问题包含：知识产权问题，与推广与普及相关的人的适宜准备，检验设计原则与相关资源适宜度等。	如何在不同的境脉下推广与普及研究设计？设计不可以被折中的边界是什么？在哪里？再迭代的关键策略有哪些？
	建立共同体帮助利益相关者理解转化相关事宜	导致推广与普及的内在相关因素是什么？当准备推广与普及时，应该考虑什么？哪些产出事宜需要被落实？哪些过程准备是必须的？用来评判推广或普及的标准有哪些？在培养社区的过程中，谁应该成为最初的利益相关者（如革新者）？

续表

阶段	基本原则	关键转化问题
推广与普及 （T2）	普及始于转化问题得以试点、设计的具体细节得以验证，及各类群体可能以恰当方式解释资源之时。	如何致力于那些合理的推广与普及？
	支持共同体的发展	如何评价推广与普及成效（RE-AIM）？ 应该如何对待危害性突变？ 如何设计以支持共同体发展？ 谁（如早期采用者）？应该提供帮助以鼓励共同体中的新成员参与吗？

由学习科学实验室主导的项目通常采用设计研究方法（van den Akker，Gravemeijer，McKenny 和 Nicvccn，2006）。这种方法的关键在于在整个过程中要与参与者（如校长与教师）一同设计并开展研究。教师与研究者共同协作设计任务、课程及评估资源，并且在所有的设计过程实施到学生中时进行迭代与精制。通过这种协作，利益相关者通过对话与实验以迭代的、评估的、反思的形式进行设计，共同创新。并且，整个过程是通过持续的监控与评价开展"研究"的。

设计研究的原则同样适用于我们主张的由研究到实践的三阶段发展过程。早期采用者具有探索性，并且能够将研究迁移到具体的文化中，这其中也包括那些能够影响推广过程的政策制订者。从研究项目汇聚的设计原则在那些计划实施这些设计的（更加同质）境脉中得以进一步验证和诠释。对话是促使新的利益相关者理解革新基础的关键策略。完整的三阶段转变过程是"研究性的"——以迭代形式进行监控与评价。在第三阶段"推广与普及"之前，需要清晰地了解设计原则及根据不变的干预特征所建立的边界——其中的具体设计原则是不可以被折中的。换言之，利益相关者需要清晰地了解突变的合理范围，而不是危害性突变发生的几率。

例如，学习科学实验室开展的重点项目之一市民教育视频游戏"狮子座空间站"（Space Station Leonis），它是由国家教育基金委员会（NRF）资助的。该游戏于 2007—2008 年在学校开展试点。游戏开发的理论基础是 Gee（2007）的影射身份（projective identity）及辩证实践智慧，属于亚里士多德认识论。该游戏可使游戏玩家通过角色扮演，在（探究）过程中做出决策。这种游戏并不是教育类游戏，它的重点不在于内容的学习，而是与流行于年轻人间的大型多人在线游戏（MMPOGs）更相似，均采用角色扮演的方式使参与者进行体验。

狮子座空间站项目现在已经在初始资金的资助下发展起来，目前正考虑在所有的新加坡学校中推广。就该项目背后的价值哲学而言，它可能无法轻易与最初的设计参数保持高度一致，因为即使是最初的那些实践者也并非完全认同巴赫金（Bakhtin）/洛斯基（Lossky）哲学传统。同时，在将该项目转化到与最初设计不同的境脉与情境（如小学环境）的过程中，已经产生了衍生项目（但不附属于该项目），尽量将狮子座空间站项目的关键设计原则应用到不同的情境中，融入到年轻学习者所处的社会文化发展境脉中。

从上述提及的三个阶段的框架来看，在第一阶段的孵化研究项目完成之后，就进入到汇聚与架构阶段。这个阶段，必须认真对待许可与知识产权问题；应该就扩展到利益相关者人群制定详细计划，并将其作为批判性探究的一种方式，加大力度、培养更深的巴赫金对话主义感。

在狮子座空间站项目这个案例中，需要在游戏化学习中培养共同体。共同体的关键成员应该包含研究人员、来自参与学校的教师，以及有助于游戏化教学的当地教育部门的官员。

大多数由学习科学实验室开展的教与学革新研究项目均有一个共同特点——"与当前学校实践有一定距离"。另一个与知识建构共同体有关的项目努力将知识建构认识论融入到科学探究过程中，使得学生像科学家一样思考。尽管新加坡学生在国家科学考试中普遍表现得不错，但是知识建构在学校的实践仍处于初期阶段。为了使知识建构普及化，需要将教师的科学认识论转变为探究与意义建构的。

转化过程的关键在于逐渐改变当前的学校实践。这确实是一项艰巨的挑战，基本策略之一是通过研究证据表明尽管学生花了许多时间在基于探究的创新上，但他们并没有在传统考试中表现得更糟。另外，将家长的支持纳入到过程中也有助于促进这种革新的扩散。

四、结论

本章阐述了那些在各自机构境脉下进行转化、推广与普及的人对于转化、推广与普及的理解。我们发现：转化科学新发现的任何绝对结论既无帮助也不真实。对此，希望本章所提出的观点与框架能够在那些可能出现并存在的问题上形成一种共识。

我们还发现：促成转化的关键在于人。使人置于境脉中的有效策略有：

- 从开始就与利益相关者共同分析、协作设计
    - 项目设计—发展的迭代
    - 规划课程的实施
    - 规划专业发展
    - 朝有益于所有利益相关者的方向发展（包括对于本地问题与焦点的认知）
    - 建立相互间的信任与尊重（没有哪个成员可以独自拥有数据或诠释数据）
- 通过边界对象（设计人工制品）建立共同的语言与理解
    - 清晰描述设计原则
    - 清晰建立干预不变特征的边界（通过"严谨而不刻板"来解决"灵活 VS 精确"）
- 建立并培养包含研究者、实践者和促进转化的中介的共同体
    - 发挥共同体的优势并加强共同体内资源的建设（Israel 等，1998）
    - 牢记共同体可以囊括全球智慧，但是转化总是需要本地化的，这意味着产出必须对于实践者是重要的且是可行的，并且解决了当地关心的问题。

总之，这些促进策略有利于阐明那些还未知的、从研究—实践关系中汲取成长动力的生态空间是怎样的。同时，通过过程—结果间辩证关系，本章在强调前者的同时不忽视后者，希望以此来扩展 Roger（1964）的研究。此外，本章还发现普及所涉及的后现代社会文化境脉一直在发展、日益多样化，这与 Roger 在 20 世纪 60 年代的情形相比，更加的跨境脉。

在转化过程中，本章反复强调人及利益相关者的重要性，并将其作为获取成功转

化的关键维度之一。本章提倡以共同体结构放大转化付出的努力，建议以社会参与过程来补充传统的以结果为导向的普及模型。我们认为这是本章的另一个重要的贡献。并且，这样的共同体，对于与初始研究革新相似的再创造与合理突变来讲，具有关键作用。

最后，与设计研究方法论原则保持一致的是，采用过程导向的方法来系统监控与评估研究型革新，有助于转化过程的研究与精制。与结果导向的普及注重衡量技术采用的数量不同，我们开发了一个系统的变化过程，以便质性测量变化与产出。我们提倡要予以"境脉"描述，并以此来补充那些覆盖了整个学校系统却几乎很少提供对于过程与变化本质的理解的质性研究。与境脉立场一致的是，我们这种以过程为导向、顾及境脉的转化设计方法，使得知识与理解能够在利益相关者的共同体中进行协商建构。通过这种真实的实践体验，在人工制品的制造及与各类参与者的对话中，知识得以"管理"，理解得以加深。

参考文献

Coburn, C. (2003), "Rethinking scale: Moving beyond numbers to deep and lasting change", *Educational Researcher*, Vol. 32, No. 6, pp. 3 – 12.

Gee, J. P. (2007), *What Video Games Have to Teach us About Learning and Literacy*, Palgrave Macmillian.

Glasgow, R. E. (1999), "Evaluating the public health impact of health promotion interventions: The RE-AIM framework", *American Journal of Public Health*, Vol. 89, No. 9, pp. 1322 – 1327.

Glasgow, R. E. and K. M. Emmons (2007), "How can we increase translation of research into practice? types of evidence needed", *Annual Review of Public Health*, Vol. 28, pp. 413 – 433.

Hägerstrand, T. (1967), *Innovation Diffusion as a Spatial Process*, University of Chicago Press, Chicago, IL.

Israel, B. A. *et al.* (1998), "Review of community-based research: assessing partnership approaches to improve public health", *Annual Review of Public Health*, Vol. 19, pp. 173 – 202.

Kroeber, A. L. (1940), "Stimulus diffusion", *American Anthropologist*, Vol. 42, pp. 1 – 20.

Latour, B. (1993), *We have never been modern*, Harvard University Press, Cambridge, MA.

Lewis, C., R. Perry and A. Murata (2006), "How should research contribute to instructional improvement?" *Educational Researcher*, Vol. 35, No. 3, pp. 3 – 14.

Narayan, K. M. *et al.* (2000), "Translation research for chronic disease: The case of diabetes", *Diabetes Care*, Vol. 23, pp. 1794 – 1798.

Poincaré, J. H. (1890), "Sur le probleme des trios corps et les equations de la dynamique" *Acta*

Mathematica, Vol. 13, pp. 1 – 270.

Rogers, E. M. (1964), *Diffusion of Innovations*, Free Press, New York, NY.

Rose, G. (1992), *The Strategy of Preventive Medicine*, Oxford University Press, New York, NY.

Schillinger, D. (2007), *An Introduction to Effectiveness*, *Dissemination and Implementation Research*, University of California San Francisco, San Francisco, CA.

Senge, P. (1990), *The Fifth Discipline: The Art and Practice of The Learning Organisation*, Broadway Business.

Sung, N. S. *et al.* (2003), "Central challenges facing the national clinical research enterprise", *Journal of the American Medical Association*, Vol. 289, pp. 1278 – 1287.

Thompson, M. and D. Wiliam (2008), "Tight but loose: A conceptual framework for scaling up school reforms, in E. Caroline Wylie (ed.), Tight But Loose: Scaling Up Teacher Professional Development in Diverse Contexts, ETS, New Jersey.

van den Akker, J. *et al.* (eds.) (2006), *Educational Design Research*, Routledge, London.

Wenger, E. (1998), *Communities of Practice: Learning, Meaning and Identity*, Cambridge University Press, Cambridge.

Woolf, S. H. (2008), "The meaning of translational research and why it matters", *Journal of the American Medical Association*, Vol. 299, pp. 211 – 213.

第三部分

研究的作用与贡献

第五章　新的举措：研究教与学的革新

Maria Langworthy（Langworthy 研究中心）

Linda Shear，Barbara Means（斯坦福国际研究所）

　　本章主要介绍了一项关于教与学革新的跨国比较研究。该研究的主要贡献在于开发了一套可用来评估教育者教学革新的工具，了解为学生提供的那些学习体验在多大程度上促进了学生习得 21 世纪的生活与工作技能。尽管该研究仍处于初期阶段，但是它对于技术革新教育与学生当前学业成就间缺乏联系这一假设是一种重要的补充。

一、导言

　　当今由 ICT 推动的全球化经济，对劳动者提出了更高的要求，希望他们具备高级技能与学习能力（21 世纪技能伙伴，2004；Scheuermann 和 Pedró，2009）。那些没有根据劳动力市场新的变化使工作者具备必需技能与能力的国家，有落后的风险（Wagner，2008）。纵观历史，教育系统通过传播不同的知识与技能参与到生产方式变革中，响应来自劳动力市场的需求（Cole，2010）。在经济与社会转型的驱动下，当今教育领导者们面临新的挑战，要求比以往任何时候培养出更多具备高阶技能与学习能力的个体。

　　为了迎接这些挑战，越来越多的人认为有必要认真反思一下学习是如何在校内外发生的。大多数这方面的讨论通常是围绕技术具备潜力、能够在以学生为中心的学习中发挥更加直接或中心的作用展开的（Mitra 等，2005；Christensen 等，2008）。研究者们与拥护者们建议应该依据千禧年学习者新的需求,并以"人是如何学习的"
(Bransford 等,1999)相关研究成果为基础,重新定位学校与教育者的角色(Pedró,
2009;Dede,2010)。政策制订者及许多教育系统领导者还通过他们的预算分配(如加
大 ICT 方面的投入)及为教育者提供 ICT 课堂运用方面的专业发展项目来支持这些
发展趋势。尽管如此,这两种支持性举措明显后劲不足,无法通过促进教育变革及革
新的普及来改变大部分的学校与教师。在大部分国家及其教育系统中,教育中真正的
变革仍然寥寥无几,通常是由实施教学革新实践的先进教师或个别学校在相对孤立的
情况下开展。因此,为了满足 21 世纪的需求,我们需要在系统层面加大变革力度,在
更广的范围内变革教育结构。目前,教育领导者和研究者正在开始反思在系统层面还
有哪些举措可以促使更多的学校与教育者在近期内进行变革(DeLorenzo 等,2008;
Fullan,2010)。

图 5.1　教育变革模型

　　针对教学实践开展评估是能够在系统层面发挥作用的另一种举措。为了评估 21
世纪新的技能与能力的类型,对于新的学生学业成就评价方式的渴求就不难理解了。
目前,关于新的评价方式的研究已经广泛开展,并取得了重要的进展,尽管这种评价方
式可能在多年后才能够被广泛应用(Brinkley 等,2010)。然而,现实中鲜有关注这种

能够为学校和教育者提供反馈的评估，尤其是关于支持学生获取 21 世纪技能的革新教学实践方面的评估。

本章介绍了一项新的国际对比研究项目——教与学革新的（Innovative Teaching and Learning，以下简称 ITL）研究。它旨在开发一套工具，用以评估教育者的教学革新实践及这些实践在多大程度上促进学生习得了 21 世纪生活与工作所需的技能。ITL 研究项目（www. itlresearch. com）研究的是在系统、学校、教育者、课堂与学生层面有哪些因素发挥作用。通过研究，该项目开发了可用于评估教学革新实践及学生习得 21 世纪技能的方法，并对其进行了验证。这些方法将填补当下领域的空白，可能为教育中的 ICT 应用提供一些新的关键基础指标，并且使得教育系统或一些学校就教与学中有效整合 ICT 开展持续的评估或国际比较研究成为可能。本章首先描述了该项目的背景、设计与方法，然后介绍了该项目初期的政策应用，最后，通过讨论，列出了从试点年数据采集所得的一些发现。需要注意的是，本章并非试点年的整体分析报告，该报告将另做发布。

ITL 研究的试点开始于 2009 年，分别在芬兰、印度尼西亚、俄罗斯及塞内加尔开展，2010—2012 年又有其他一些国家加入。该项目能够为政策制订者提供新的评估工具及描述如何在教与学中整合 ICT 并取得学生渴望的学习效果。该研究的启动资金来自于微软学习伙伴（Microsoft's Partner in Learning），采用多利益相关者伙伴模式，涵盖国际顾问团、每个参与国的政策制订者以及高度相关的本地研究组织。

二、ITL 研究的背景

教育变革是复杂的，它发生于涵盖当前国家政策与项目在内的复杂生态系统中，来自当地社区、学校具体的文化与领导力以及丰富多样性的个体教育者与学习者的支持。从研究角度来看，ITL 研究全面审视了教育生态系统，探寻了当下各类群体对于如何运用技术支持教与学有效变革的理解，主要关注于与课堂中发生事宜相关的系统和学校方面因素的评估。该研究开展的前提假设是：教与学发生在高度复杂的生态系统中,影响学习效果的原因不可能是单一的,有时受一系列变量的影响。ITL研究调查了以往研究中已经发现的变量,并审视了他们之间的关系(逻辑模型如下)。

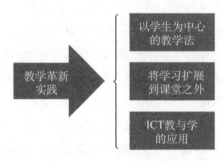

图5.2　教学革新实践

在教育生态系统中,ITL研究的核心聚焦于为学生提供学习体验并促进其习得21世纪技能的"教学革新实践"上。很多关注教学实践的研究发现,技术引入学校并不能促使技术本身改变学习效果(Dynarski等,2007)。首先,拥有某项技术并不意味着教育者将运用它或者将它成功地整合到教与学中(Cuban, Kirkpatrick和Peck,2001;Russell等,2003)。第二,有一项重要研究发现技术的应用方式决定了它能否影响学生的学习效果(Wenglinsky, 2005)。第三,研究表明教师具有影响学习效果的能力(Darling-Hammond, L., 2010),因此ITL研究将教育者与他们的教学实践作为影响学习效果的一个关键因素来对待。

"教学革新实践"这一概念是建立在以上这些观点和对现存文献的广泛查阅及以往研究的基础上的,包含重要的跨国合作研究项目,如初中信息技术研究(简称SITES, Law、Pelgrum和Plomp, 2006)和国际学生评价项目(PISA;OECD, 2006);21世纪教与学框架(如联合国教科文组织,2008;南澳州政府,2008;国际教育技术协会,2007、2008);以及对于导致积极学习效果的教学实践相关的具体概念的研究(如Bryk, Camburn和Louis, 1999;Groff和Mouza, 2008)。

在ITL模型中,"教学革新实践"概念包括的维度,超越了技术应用本身,能够了解教育者决策时基于的教育哲学。具体地讲,"教学革新实践"的特征有:以学生为中心的教学法、提供课堂之外的学习机会及教与学中的 ICT 整合。这些特征将在下文详述。

三、ITL 研究的设计

ITL 研究将持续开展三年,形成平行国家案例研究,深入研究不同国家背景下影响教学实践的国家与学校层面的因素。在全球范围内,ITL 研究将在这些国家案例的基础上,就如何高效地重塑教与学、促进学生 21 世纪技能的学习等方面,提供相关信息及建议。

在 2009 至 2010 年,该研究首先在四个国家(芬兰、印度尼西亚、俄罗斯和塞内加尔)进行了试点。这四个国家反映了全球不同的经济、文化与教育水平。2010 年,澳大利亚、墨西哥、英国和美国也加入其中。

ITL 研究的跨国研究问题如下:

1. 教学革新实践在多大程度上影响了 21 世纪的学习成果?[1]

2. 学校层面有哪些因素会影响教学革新实践?

3. 国家或区域项目的支持如何促进教学革新实践?[2]

这些问题形成了图 5.3 中的逻辑关系。该模型并没有呈现出所有影响教育生态系统的因素,但是列出了涉及到的模块及一些关键要素,它们对于研究方向与政策导向尤为重要。并且,该模型以系统视角表明了各模块间的关系。

这些模块与要素均被一一定义和描述,并且贯穿于整个 ITL 研究的项目中:

● 教学革新实践是研究的焦点。正如上文提到的,教学革新实践的概念具有三大特征:

---

① 针对本研究,"21 世纪的学习成果"被定义为以下一组技能:知识建构、问题解决与创新、熟练交流、协作、自我管理及运用技术开展学习。这些技能在 ITL 研究设计文档中研究方法相关部分及学习活动与学生任务编码指南中有更明确的定义,可见 www.itlresearch.com。

② 在试点年中,该研究问题在较高层面上给予了考虑,采集到的试点数据将被用于判定下一年在该问题上的研究深度。

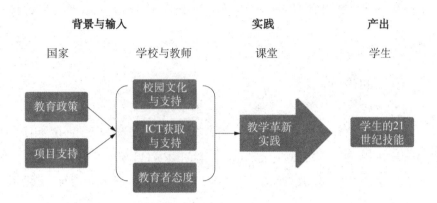

图 5.3　ITL 研究的逻辑模型

— 以学生为中心的教与学。在 ITL 模型中，以学生为中心的教与学所涵盖的教学实践是基于项目的、协作的、促进知识建构的，需要学生自我管理与评价的，并且是个人化的（为学生提供选择机会且与学生个体有关）和个性化的（允许学生自定步调并依据各自特殊的学习需求）。这些特点均被以往的研究所证实，能够促进学生 21 世纪技能的发展（如 Bransford，Brown 和 Cocking，1999，Darling-Hammond 等，2008）。

— 提供课堂之外的学习机会。它所指的学习活动反映了 21 世纪高绩效协作小组的本质。这类学习活动摆脱了传统课堂的限制，比如，涵盖了班集体以外的群体（如家长、专家、社区成员），提供了全时（24/7）学习的机会（比如，课外研究），加强了跨学科的联系，并促进了全球化意识与文化的理解。

— 教与学中的 ICT 整合。它所指的是教师与学生对于技术的运用。因为 ICT 的影响很大程度上是依赖于它的教与学的应用程度（Myndigheten For Skölutveckling，2008），所以本部分聚焦于 ICT 如何被使用而不仅仅在于是否被使用。比如，ITL 在它的评估中区分了简单或机械地使用技术还是较高级地运用技术、更好地发挥技术在学习上的潜力。

● 教学革新实践主要受学校与教育者层面因素的影响。该模型聚焦于三个最主要的方面：

— 学校的文化与支持会影响教师实践。比如,研究表明教师的实践共同体能够为变革提供强大动力(Little,2006),并且学校的领导者在推动并普及校内革新上作用关键(Shear 等,2010)。

— ICT 的获取与支持,包括 ICT 工具的存放地点、可得性及功能。教育者们提出无法获取技术与缺乏技术支持是阻碍教与学中整合 ICT 的主要因素之一(Law,Pelgrum 与 Plomp,2006)。

— 教育者的态度在教育变革中作用重大。在 ITL 研究中,此方面包括教师关于教与学的理念(如他们在新旧教学法上的理念;Becker 和 Reil,2000),教师的动机与自我效能感(Gibson 与 Dembo,1984)以及教师在教与学中 ICT 价值上的态度。

● 学校与课堂方面的影响因素在国家与区域教育系统(包括结构、政策、愿景及能力)境脉以及由政府、非营利性组织或私人组织资助的项目可能带来的项目支持(比如专业发展)中起到的作用。

● 最后,涵盖众多技能的学生 21 世纪技能被视为教学革新实践的重要目标。在 ITL 研究模型中,这些技能是指知识建构、问题解决与创新、熟练交流、协作、自我管理及运用 ICT 开展学习。

关于本部分的更多详情可以在 ITL 研究项目设计部分(www.itlresearch.com)了解到在每个方面发挥作用的具体要素。

ITL 研究采用通用方法进行研究设计,并且通过各国研究团队开展跨国研究。斯坦福国际研究所是国际研究伙伴,负责整体研究设计、方法开发、数据收集协调及全球结果分析。这使得方法及整体设计参数得以集中开发及跨国持续开展。同时,在每个国家中均有一个研究伙伴致力于开展本地研究并参与到全球网络中。这些研究伙伴是通过竞争机制选取的,均是该国顶尖的独立研究机构或大学内的研究机构(详见合作伙伴列表),他们负责设计本国的研究计划并采用各自的方式开展,但是需要确保该计划既适合于该国境脉、满足当地需求,又能符合全球项目的标准。

表 5.1 全球范围内的 ITL 研究团队

国家	角色	机构
国际	项目资助	微软学习伙伴
美国	项目管理与监督	Langworthy 研究中心
	全球项目引领	斯坦福国际研究所,学习技术研究中心 (Center for Technology in Learning)
芬兰	国内研究伙伴	于韦斯屈莱大学 Agora 中心及芬兰教育研究学院 (Agora Center and Finnish Institute for Educational Research, University of Jyvasyla)
	政府合作伙伴	国家教育委员会(National Board of Education)
印度尼西亚	国内研究伙伴	策略与国际研究中心 (Center for Strategic and International Studeies)
	政府合作伙伴	国家教育部(Ministry of National Education)
俄罗斯	国内研究伙伴	莫斯科新技术学院(Institute of New Technology, Moscow)
	政府合作伙伴	教师培训与教育者继续教育学院 (The Academy of teachers Training and professional Retraining for Educators)
塞内加尔	国内研究伙伴	教育与培训领域 ICT 应用的教师与研究者协会 (Association of Teachers and Researchers of ICT in Education and Training)
	政府合作伙伴	国家教育部(Ministry of National Education)
墨西哥	国内研究伙伴	教育研究机构(Proyecto Educativo SC, http://proyectoeducativo.org/)
	政府合作伙伴	国家教育部(Secretaria de Educacion Publica)
英国	国内研究伙伴	伦敦知识实验室(London Knowledge Lab)
	政府合作伙伴	专业学校与学术指导中心(Specialist School and Academics Trust)

　　ITL 研究的研究对象是 11—14 岁的学生,在各国基本处于小学高年级或者初中低年级。每个国家需要确定涵盖该年龄段大多数学生的年级段。

国际工作组每年都对本地研究团队就 ITL 研究的构建与研究方法开展培训。在研究开展的第一年和第二年,研究者们开展协作,并且基于参与国的研究经验与成果对方法进行完善与精制。为了支持并监控项目的研究质量及持续开展,除了面对面的研究者工作坊,国际与各国研究者还采取例常电话会议及不间断的电子交流方式进行沟通。

四、方法、样本与成果

为了全面了解 ITL 研究逻辑模型中的教育生态系统,收集系统内从国家或区域境脉到学校、教育者、课堂及学生层面多个层次的数据十分有必要。ITL 研究采用混合研究方法,通过整合的设计对核心的概念予以持续的界定和评估,以确保评估的持续性。这种持续多年的研究将收集每个国家历年的数据,用以分析历年的变化。

ITL 研究综合运用这些方法来获取逻辑结构中各部分的数据。其中,一些要素的评估是通过多种方法获得的。比如,"教学革新实践"的研究方法有教师问卷与访谈、经过培训的研究人员开展的课堂观察、在教师组织学生开展的学习活动形式中课堂实践的工作。

在每个国家,学校与教育者的样本用来反映该国的革新实践及"常规教学"的现状。每个国家选取 25 所左右的样本校,回收了超过 650 份有效 ITL 教师问卷。其中,每所学校的问卷有效率在 70%—80% 间。样本校一般集中在 2—3 个地理区域内,使得访问这些学校在经济上是可行的。

表 5.2　ITL 采用的研究方法

方法	目的	实施层
校长及教师问卷	提供大样本量性数据,描述校长与教师感知到的国内境脉与项目、学校文化与支持,及各自的教学理念与实践	国家/区域、学校、教育者、课堂
校长及教师访谈	通过较小样本提供更加丰富、境脉化的数据,了解参与者的变革体验及导致其产生的因素	国家/区域、学校、教育者、课堂

方法	目的	实施层
课堂观察	使得研究者可以在不同国家及学校境脉下采用共同方式观察与描述课堂环境与学生活动	课堂
学习活动与学生任务分析	采用真实课堂的人工制品来评估 21 世纪的学习机遇,依据一组定义好的且在不同国家与学校境脉下均具有一致性的维度开展	课堂、学生
学生观察小组①	通过小样本获取学生对于教与学的实践体验数据	课堂
国家/区域教育领导的采访	提供系统层面关于教育目标、国家项目与策略及其国内挑战方面的数据	国家/区域
成绩数据	可获取的,提供学生在国家考试中取得的成绩数据	学生

ITL 研究也借鉴了行动研究方法。它不仅将研究作为研究某种形式的表层方法,还将其作为学校与教师直接参与研究的一种工具。他们作为合作伙伴,一同发展研究方法,并且那些有兴趣将"他们的数据"加入到研究中的还会成为研究成果的一部分。ITL 最初的计划在经过试点年数据采集之后,已经把学校与教育者作为研究伙伴这一想法更加直接地融入到研究中。这种导向部分是由于没有认识到参与校及教师均是真正的利益相关者造成的。试点年的数据分析结果也证实了这点。跨四国的 ITL 研究教师问卷分析表明在七种不同的教师专业发展中,参与"与你专业发展相关的独立或协作研究"与教学革新强烈相关②。研究同时表明那些直接参与研究的教育者实践教学革新的频率更加频繁。研究,归根到底也是一种学习方式。这在试点年之后,引领着 ITL 研究设计的精制方向,通过共享与学校有关的数据分析结果来促使参与校及教师更加直接地参与到研究项目中,并促使他们参与到与研究方法及概念相关的专业发展讨论中。

最后,ITL 研究将在全球数据收集的基础上形成三类成果:

---

① 该方法在试点年开展时没有使用,但计划在 2010 和 2011 年采用。
② 引用的报告结果基于试点年数据,所以它们被认为是初步的,还需在主要研究中进行验证。

1. 研究成果。报告、论文刊发及国际或国内的会议报告。这些成果都将基于前一年的数据收集与分析，于每年的秋季开始陆续发布。

2. 可供其他研究者使用的量性数据。ITL 校长与教师问卷采集到的数据可供感兴趣的教育研究者深入研究（见 www. itlresearch. com）。该项目希望经过一段时间以后，建立一个涵盖该项目研究人员参与者的跨国共同体，运用研究数据与方法进一步开展研究，并对教师专业发展作出贡献。

3. 方法。如上所述，该项目的主要贡献之一就是开发了一套验证过的、可信且可供全球用来评估教与学革新的方法。方法中使用的工具及相关的培训和分析材料将全面开放，但是这些资源不会在项目结论发布之前正式公布，因为每年都期望对每一种方法进行完善。试点年所使用的工具可在 www. itlresearch. com 上获取。微软的创新学校项目已经使用了来自 ITL 的校长与教师问卷，用来为跨国的 40 余所学校建立一个校级层面的评价系统。该校级层面的评价系统以 ITL 研究为基础，于 2011 年以在线服务形式通过微软学习伙伴网络（www. partnersinlearningnetwork. com）免费提供给国内外感兴趣的学校使用。并且，该问卷与报告有多个语言的版本。

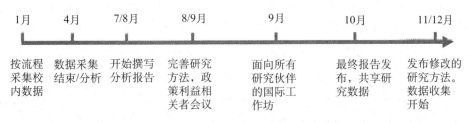

图 5.4　ITL 研究时间线——2010—2012 间年度里程碑

五、政策应用

在全球的各类会议中，教育研究者与政府政策制订者一直在探讨并研究教师与学校需要具备哪些能力才能够帮助学生达到 21 世纪的学习目标。他们通过交流、技术方面的预算分配、支持教学与技术整合方面的专业发展，持续鼓励更多的教与学革新。

在大多数情况下，政府并没有评估教师与学校开展教学革新实践的程度。并且，几乎很少有政府致力于评估教学实践带来的变化对于学生获取新技能与能力的影响。研究信奉的箴言是："你所得到的就是你所评估的内容"。教学革新及学生21世纪技能方面评估的缺失，不仅不利于学校改进教学，同时也会阻碍政府推动改革工作。

来自OECD的教与学国际问卷（TALIS）的一项重要发现表明：学校评价与教师评价对于教师工作的满意度及专业发展呈现显著正相关。该研究在23个国家开展，重视教师评估与反馈的具体内容的重要性：

> 愈强调评价与反馈的具体方面，教师们在改进教学实践上的变化就愈大。在一些案例中，在学校评估中对于教学某些方面的愈加强调，就是在强调对于教师的评估与反馈，而这反过来，又促进了教师教学实践的进一步改变。在这些案例中，用于评估教育的框架明显有效（OECD，2009）。

尽管如此，TALIS问卷研究发现：大约四分之三的教师即使在教学实践中通过不断创新完善教学，也并没有因此得到认可。这表明当下对于教师的评估并没有与当前的系统革新教与学目标保持一致。来自ITL研究试点年的数据也表明校长与教师认为当下对于他们的学校与实践的评价仍是围绕传统关注的领域与内容开展的。这种评价像一种能够感受到的保护伞一样，保护着大多数教师继续使用传统方式开展教学实践。即使在一个高度自主化的学校教育系统中，如芬兰的学校，教育者的实践被政策中清晰阐明的传统学习目标限制住：

> 并不是所有的教师都有发展的意愿……一些教师非常支持传统教学（ITL校长访谈，芬兰）。这与教师在国家及本地学校课程的标准目标上的高度"自我问责"相关。所有教师在采访中声称他们有完全的自治权，可以按照他们认为恰当的方式开展教学。国家课程的目标在学科学习上，教师尽量按照既定目标开展教学是可以理解的。在这种情况下，继续采用经过广泛验证过的方法是最方便且最保险的（Norrena与kankaanranta，2010）。

因为大多数系统都是围绕传统的教与学目标评估绩效的，所以教育系统实际上是支持那些已经存在的、设计用来达到传统学习目标的教学实践的。尽管教育系统也支持将 21 世纪的生活与工作技能作为教育目标，但是许多国家缺乏围绕这一目标的系统改变，这需要教育变革。

当然，这需要根据 21 世纪生活与工作相关的学生技能与能力领域①，有针对性地制定学习目标与评价。正如上所述，有许多不同的项目正在针对这些新的学习目标与评价方式开展研究。不仅如此，系统也需要引入教学革新实践的目标，使得实践能够直接和新的学习目标与评价保持一致。同时，也应该监控与评估这些新的教学实践目标的达成情况，以确保从校长与教师视角来讲是有效的。基于此，政府可以通过推动并开发适合学校与教师的教学革新评估方法来支持教学革新实践的普及。

ITL 研究能够满足这种新的教师评估需求，它所提供的一组前后一致的且经过验证的评估方法可用来评估与革新相关的教学实践。通过参与 ITL 研究项目，各国政府能够获取这些方法，并根据本国教师专业发展目标对其进行进一步验证与调整，还可以评估他们教师的实践及历年发生的变化。如果许多国家都选择使用 ITL 研究的规范与方法，那么他们在教师实践与学生 21 世纪技能方面的数据，将可与其他国家进行对比，成为画龙点睛之笔，这对于本研究是重要的补充。这样的话，基于 ITL 的方法与评估可能会成为 ICT 在学习中的运用与效果方面的新国际指标（Johannessen，2009）。最后，ITL 研究模型与研究结果应该受到各国政府及教育系统领导人的重视，因为其具备成为 ICT 教育应用政策导向的潜力。本研究能够为那些致力于教育革新的政府与学校提供新的视角。ITL 也提供了一种共同话语，支持国际对话，就当下研究什么、下一步研究什么，以及如何开展教育变革共同开展讨论。

为了扩大教育革新的普及范围，政府、系统及学校需要运用方法评估教学革新过程及其对于学生学习的影响。如果教育系统与学生开始以一致的方法规定并评估包含革新实践在内的教育过程，那么这是在向学校领导层与教师们传递一种明确的结构

---

① ITL 研究目前正与 ATC21S 项目放在一起讨论。一些国家同时开展了这两个项目，如澳大利亚、英国和美国。

转型信号，系统将会采用一系列新的目标，使其更加符合 21 世纪经济与社会的需求与要求。ITL 研究的目标所提供的一组前后一致且经过验证的工具，能够使全球范围内的政府、教育系统及学校开始走上这条道路。

参考文献

Baker, E. L. , and J. L. Herman (2003), "A distributed evaluation model", in G. Haertel and B. Means (eds.), *Evaluating Educational Technology*, Teachers College Press, New York, NY.

Balanskat, A. , R. Blamire and S. Kefala (2006), *The ICT Impact Report: A Review of studies of ICT Impact on Schools in Europe*, European Schoolnet, retrieved 15 August 2009 from *http://insight. eun. org/ww/en/pub/insight/misc/specialreports/impact_study. htm*.

Bransford, J. D. , A. L. Brown and R. R. Cocking (1999), *How People Learn: Brain, Mind, and Experience*, National Academy Press, Washington, DC

Brinkley, M. *et al.* (2010), "Whitepaper: Developing 21st century skills and assessments", draft copy, *Assessment and Teaching of 21st Century Skills*, retrieved from *http://atc21s. org/white-papers/*, January 2010.

Christensen, C. , C. Johnson, and M. Horn (2008), *Disrupting Class: How disruptive innovation will change the way the world learns*, McGraw Hill, New York, NY.

Cole, Michael (2010), "What's culture got to do with IT? Educational research as a necessarily interdisciplinary exercise", AERA Distinguished Lecture, AERA Annual Meeting, 01 May 2010, Denver.

Cuban, L. , H. Kirkpatrick, and C. Peck (2001), "High access and low use of technologies in high school classrooms: Explaining an apparent paradox", *American Educational Research Journal*, Vol. 38, No. 4, pp. 813 – 834.

Darling-Hammond, L. (2010), *The flat world and education*, Teachers College Press, New York, NY.

Darling-Hammond, L. *et al.* (2008), *Powerful Learning: What We Know About Teaching for Understanding*, Jossey-Bass, San Francisco, CA.

Dede, Chris (2010), "Transforming schooling via the 2010 national educational technology plan", *Teachers College Record*, data published: 10 June 2010, retrieved on 28 June 2010 from www. tcrecord. org, ID Number 15998.

Delorenzo, R. *et al.* (2008), *Delivering on The Promise: the education revolution*, Solution Tree.

Dynarski, M. *et al.* (2007), *Effectiveness of reading and mathematics software products: findings from the first student cohort*, report to Congress, NCEE 2007 – 4006. U. S. Department of Education, Washington, DC.

Fullan, Michael (2010), *All Systems Go: The Change Imperative for Whole System Reform*, Corwin Press.

Gibson, S. , and M. Dembo (1984), Teacher Efficacy: A construct validation, *Journal of Educational Psychology*, Vol. 76, No. 4, pp. 569 – 582.

Government of South Australia (2008), eStrategy Framework. Adelaide, The State of South Australia, Department of Education and Children's Services, retrieved 15 July 2009 from www. decs. sa. gov. au/learningtechnologies/files/links/eStrategy_Framework_screen. pdf.

ISTE (2007), *National Educational Technology Standards for Students*, 2nd edition, International Society for Technology in Education, Eugene, OR.

ISTE (2008), *National Educational Technology Standards for Teachers*. International Society for Technology in Education, Eugene, OR.

Johannessen, Øystein (2009), "In search of the sustainable knowledge base: multi-channel and multi-method?" *Assessing the Effects of ICT in Education: Indicators, Criteria and Benchmarks for International Comparisons*, European Union and OECD, Brussels and Paris.

Kozma, R. B. (ed.), 2003, *Technology, Innovation, and Educational Change: A Global Perspective*, International Society for Technology in Education, Eugene, OR.

Law, N., W. Pellgrum and T. Plomp (2006), *Pedagogy and ICT use in schools around the world: Findings from the IEA SITES 2006 study*, LEA, Hong Kong.

Little, J. W. (2006), "Inside teacher community: Representations of classroom practice", *Teachers College Record*, Vol 105, No. 6, pp. 913 - 945.

Mitra, S. *et al.* (2005), "Acquisition of computing literacy on shared public computers: Children and the 'hole in the wall'", *Australasian Journal of Educational Technology*, Vol. 21, No. 3, pp. 407 - 426, retreived 28 June 2010, *www. ascilite. org. au/ajet/ajet21/mitra. html*.

Means, B. *et al.* (2003), "Studying the cumulative impacts of educational technology", in G. Haertel and B. Means (eds.), *Evaluating Educational Technology*, Teachers College Press, New York, NY.

Myndigheten For Skölutveckling (2008), *Effective use of ICT in schools: analysis of international research*, The Swedish National Agency for School Improvement, Stockholm.

Norrena, J. and M. Kankaanranta (2010), "Pilot year ITL qualitative report: Finland", internal working document available upon request from authors.

OECD (2006), *Are Students Ready for a Technology-rich World? What PISA Studies Tell Us*, OECD Publishing.

OECD (2009), *Creating Effective Teaching and Learning Environments: First Results from TALIS*, OECD Publishing.

Partnership for 21st Century Skills (2004), *Framework for 21st Century Learning*, retrieved 15 July 2009 from *www. 21stcenturyskills. org/*.

Pedró, F. (2009), *Reframing the Policy Expectations About Technology in Education*, OECD Publishing.

Russell, M. *et al.* (2003), "Examining teacher technology use: implications for pre-service and in-service teacher preparation", *Journal of Teacher Education*, Vol 54, No. 4, pp. 297 - 310.

Scheuermann, F. and F. Pedró (eds.) (2009), *Assessing the Effects of ICT in Education: Indicators, Criteria and Benchmarks for International Comparisons*, JRC/European Commission and OECD.

Shear, L. *et al.* (2010), *The Microsoft Innovative Schools Program Year 2 Evaluation Report*, Microsoft, Seattle, WA.

UNESCO (2008), UNESCO's ICT Competency Standards for Teachers, retrieved 15 July 2009 from *http:// cst. unesco-ci. org/sites/projects/cst/default. aspx*.

Wagner, T. (2008), *The Global Achievement Gap: Why Even Our Best Schools Don't Teach the New Survival Skills our Children Need—And What We Can Do About It*, Basic Books, New York, NY.

Wenglinsky, H. (2005), *Using Technology Wisely: The Keys to Success in Schools*, Teachers College Press, New York, NY.

第六章 技术革新课程的设计研究

Jan van den Akker

荷兰课程开发中心，荷兰特温特大学

课程以及对于课程的评估是促进教育发展的关键动力。课程是教学的根本，它规定了教学目标、教学内容，在一些情况下，也决定了教与学的方式。本章主要阐释了课程设计研究的优势与局限性，课程设计研究的研究成果将如何在课程政策与开发上发挥重要作用。并且，本章发现课程设计研究的干预过程重点并不在于全力实施事先精心策划的所有干预，而是一个不断满足新的抱负与要求、实现(连续的)原型的过程。这一过程往往是迭代的、循环的或者是螺旋的：分析、设计、评价及完善活动，直到在理想与现实之间达到一个满意的平衡。最后，本章归纳了一些可用于促进知识增长的设计研究特征。

一、导言

过去十年间，在全球经验的基础上，针对 ICT 潜在教育附加价值的研究不断增多，从中积累的知识也随之增长(Voogt 和 Knezek，2008)。目前 ICT 在教育实践上的影响尚不可下定论，但是整体形势比较严峻。尽管有一些零星的成功案例，但是 ICT 的潜力远没有得以充分发挥。学校中的 ICT 整合进程仍旧缓慢，典型的课堂实践推广也很有限。ICT 看起来就像 Hargreaves 和 Fink(2006)所说的那样：教育变革口号喊喊容易，实施起来却艰难。因此即使雄心万丈，投资很多，ICT 驱动的教育革新仍然任重而道远。

有多少教育研究有助于解决这类挑战？这可以从各类教育研究的研究方法看出。Plomp(2009)区分了各种各样的研究问题、目标及作用,比如：描述、对比、评价、解释、预测、设计和开发。同时,他还指出了各类研究的主要方向：理论、实践或政策。许多与 ICT 相关的政策导向的研究通常是通过问卷、监控与评估开展的,侧重于 ICT 的实际运用情况与成果方面的(描述性)统计。与此不同,本章采用设计研究方法,重点关注与 ICT 相关的教育改革与革新方面的研究。设计研究在教育中是一种比较新的方法,它起源于 20 世纪 90 年代初,随后出现在一些重要期刊的专栏中(如：Educational Researcher,第 32 卷,2003 年第 1 期；Educational Psychologist,第 39 卷,2004 年第 1 期；Journal of the Learning Sciences,第 13 卷,2004 年第 1 期；Educational Technology,第 45 卷,2005 年第 1 期)及一些书中(例如：van den Akker 等,2006；及 Kelly、Lesh 和 Baek, 2008)。

设计研究方法能够弥补教与学中 ICT 的应用与 ICT 效果的研究方法相对割裂的情况,并且本章所持的课程视角比较广阔,有助于系统解决 ICT 的应用问题、增强 ICT 的应用效果。

课程设计研究有意将"课程设计"和"研究设计"两个领域连接起来。它尤其关注设计研究如何提高课程设计与开发(也与 ICT 潜能相关的)的质量。并且,课程设计研究能够呈现教育研究——这一广泛探讨的问题——可以从教育政策与教育实践的连接中受益。

本着这一目标,课程设计研究的基本概念及所采用的分析视角应该有助于更好地诠释课程的结构、降低课程任务的复杂程度。因此,本章主要关注(以 van den Akker, 2003 及 Thijs 和 van den Akker, 2009 为基础)归纳出一组有助于提高课程分析、开发与实施透明度与平衡性的概念和观点。基于此,本章将重点转向(课程)设计研究上(以 van den Akker, 1999 及 van den Akker 等,2006 为基础)。

二、课程的内涵

文献中对于"课程"的定义众多,但是普遍对于课程本质的关注不足。在这种情况下，追溯课程概念的词源往往是有帮助的。拉丁语"curriculum"（相关动词，如 currere 运行）是指"过程（course）"或其"轨迹（track）"。在教育这个以学习为中心活动的领域中，对于"课程"一词最直接的解释是将其视为一种过程、轨迹或者"学习计划"（Taba, 1962）。这个定义言简意赅（在各国语言中均有体现），不仅在其他所有概念的核心思想中均有体现，还能够容纳所有对于具体的教育层次、境脉与现状的诠释。此外，需要注意的是，该定义还需要针对"过程"所在的境脉予以详细描述。

在探讨课程活动（政策制订、设计与开发、实施与评估）时，根据上述定义将课程划分为不同的课程水平，有助于理清脉络。这些课程水平有：

- 国际的/比较的（超宏观层面）
- 系统/社会/国家/省市（宏观）层面（例如国家大纲或核心目标）
- 学校/机构（或中观）层面（例如，具体的学校课程）
- 课堂（或微观）层面（例如，课本、教材）
- 个体/个人（或超微观）层面

超宏观层面通常是指教育目标与质量方面的国际研讨及达成的共识，有时由国际对比研究推动。超宏观层面的课程开发通常具备概括性，而"量体裁衣"的方法较适合应用于学校或课堂实践层面。并且，课程开发的过程既可以是具体的（开发一门具体的课程产品），也可以是宽泛的（长期的、持续的课程完善过程，通常涉及教育变革的多个方面，如教师继续教育、学校发展和考试）。为了理解课程决策与实施的问题，对课程开发进行广泛描述通常是最适当的做法：一个长期、迭代的过程，涉及多方利益相关者与参与者；在这个过程中形成了完善课程的动机与需求；想法在项目与资料中具体化；在实践中努力实现预想的变化。

此外，课程的呈现形式多样。分清这些形式，尤其有利于理解课程改革时产生的分歧。比较常见的划分是："预想的"、"实施的"和"获得的"课程，详见表 6.1（van den Akker, 2003）。

表 6.1　课程呈现的类别

预想的	理想的	愿景（课程背后的理论基础或哲学基础）
	正规的/成文的	课程文档和资料中具体呈现的设想

续表

实施的	感知到的	用户(尤其是教师)对课程的解释
	可操作的	教与学的实施过程(或者说课程的开展)
获得的	经验的	学习者亲历的学习体验
	学到的	学习者的学习成果

一般来讲,预想的课程主要受到政策制订者和课程开发者的影响(以多种方式),实施的课程主要与全世界的学校与教师相关,而获得的课程与学生有关。

除了呈现方式的不同,还可以从各种各样的分析视角来了解课程。例如,古德莱得(1994)从以下三种不同的视角区分课程:

● 本质的:聚焦于经典的课程问题,教与学中最应该涵盖哪些最有价值的知识。

● 技术—专业的:指的是如何处理课程开发中的诸多任务。

● 社会—政治的:指的是课程的决策过程要体现哪些机构及个体的价值与利益。

一些人可能会认为上述三种视角过于局限,因为它针对的是校内学习,只涉及"传统"的课程设计问题,涵盖并不全面,不包含当下在课程理论文献中谈及较多的"批判性"观点(如 Pinar 等,1995)。尽管如此,从完善课程角度来看,这三种视角还是有用的、恰当的。

此外,从技术驱动的革新来看,多了解与课程有关的概念、层次、视角与论点,对于综合理解这类革新十分有帮助。

三、脆弱的课程网络

完善课程的主要挑战之一在于是否能够在课程(如学习计划)的各要素间达成平衡。有哪些要素? Walker(2003)在关于课程相对简洁的定义中给出了三个主要的要素:学习内容、学习目的与组织方式。实践表明:直接关注要素的细节是一种明智之举。通过分析多种的分类方式,本文得出了一个包含十个要素的框架(见表 6.2),用以解决与学生学习设计相关的十类具体问题。

表 6.2　课程要素

理论基础	学生为什么要学习?
目标	学生的学习目标有哪些?
学习内容	学生学习些什么?
学习活动	学生如何学习?
教师角色	教师是如何促进学生学习的?
材料和资源	学生学习时用什么?
分组	学生与谁一同学习?
地点	学生在哪里学习?
时间	学生什么时候学习?
评价	如何评估学生的学习进度?

"理论基础"(指方案的整体原则或中心任务)作为中心点,其他九个元素与其相连,并且各个元素间也相互联系。每一个元素可能包含很多子类问题。这些子类问题不仅仅是真实的问题(见下一部分),而且,比如,像下文所涉及的"组织"事宜:

- 分组
  - 如何为学生安排不同的学习路径?
  - 学生是独立学习,还是在小组中学习,还是全班一同学习?
- 地点
  - 学生在教室、图书馆、家中或其他场所学习?
  - 学习环境的社会/物理特征有哪些?
- 时间
  - 不同学科内容的时间分配是怎样的?
  - 在具体学习任务上花费多少时间?

我们更倾向于使用蜘蛛网络这种可视化形式来呈现这十个要素(图 6.1),不仅是因为各要素间的联系众多,还因为其内在的脆弱性。总之,尽管课程设计对于各要素的重视程度可能随着时间推移而有所变化,但是最终各要素间会取得平衡。一个最典型的例子是:课程中整合 ICT 的趋势(通常)会造成资源配置发生变化。许多应用研

图 6.1　课程的蜘蛛网络

究表明，在期望某要素发生真正变化之前，需要系统关注、综合处理其他所有的要素。

该蜘蛛网络也诠释了一种熟悉的论调：木桶短板理论。这非常适用于比喻课程，它指出以平衡、一致、可持续的方式完善课程是复杂的。

四、选择间的权衡

找出课程应该涵盖哪些内部问题（或者说困难和紧急的问题：它不应涵盖什么）的经典方法是在以下三个主要源或导向间选择并确定优先等级，以达成平衡：

- 知识：哪些学术和文化瑰宝对于学习与未来发展是关键的？
- 社会：从社会趋势与需求的视角来看，哪些问题与事宜最重要？
- 学习者：从学习者自身的个体与教育需求及兴趣来看，哪些要素对于学习是最重要的？

一般来讲，这些问题的答案构成了课程的理论基础。然而，不可避免的是，必须在三者间做出选择，通常是在不同方向（各自的主张及利益群体）间妥协。这种顾及所有方利益的做法使得课程趋于超负荷、分崩离析。进而，实施这种不连贯的课程容易导致学生挫败、失败，甚至辍学。

如何使课程取得更合理的平衡？虽然无法简要回答，但是并非无法回答。

首先，根据众多（学术）知识的要求，结合学习目标的优先次序（聚焦于基本的概念和技能），有时有助于减少众多各自为政的学科领域的数量，使其更加聚焦于有限的学习领域。

第二，提及排山倒海似的社会要求，更多校内外的交流可能会减少这个负担。并且，最有效的做法应该是有更多的选择来回应各类社会问题。正如 Cuban（1992）所指出的那样：学校不应该一提到社会就回避，毕竟学校是为社会服务的。

第三，是关于学习者的看法。全球都一直致力于使学习从根本上进行改变，使其更具挑战性和在本质上更有激励性，从教师与课程为主的教学转变为更加有意义且采取以活动为基础的学习方式。

很明显，ICT 为解决上述困难带来挑战的同时，也提供了机遇。

五、开发策略

将课程开发描述为具有争议的领域，确实是明智之举。从社会政治角度来看，可将其比喻为争议地带，因为它在不同利益相关者的各种价值与利益间产生矛盾与冲突。这些问题暴露了预想的课程（如政治口号宣称的那样）、实施的课程（学校与课堂中的真实实践）及获得的课程（正如学生经验和结果呈现的那样）之间的差异（有时是巨大的，且持续的）。这种紧张情形造成的典型结果是各类受阻群体相互将变革或改革活动的失败归咎到对方身上。尽管像这样的责备游戏往往看似没有成效，但是在课程开发方法上仍取得了一些关键进展。首先，许多课程改革可以概括为：虽有宏图壮志却有些不切实际；往往有着很大的革新抱负（尤其是政治家们），现实中给予的时间却并不充足，对于相关人员，尤其是教师的投入也很有限。许多与 ICT 相关的革新也不例外，往往都受这类问题的困扰。其次，预想的课程变化往往与系统内其他组成部分间缺乏一致性（尤其是教师教育和评价/考试项目）。最后，但是同等重要的是，所有利益相关者的及时、真实的参与往往被忽视。

从策略角度来看，现有文献已经提供了许多关于课程开发（技术—专业）的模型与策略。Tyler 原理—线性（rational-linear）方法，Walker 的协商（deliberative）方法及 Eisner 的艺术（artistic）方法是三种重要的方法。由于本文重点不在此处，关于三种方法的详细诠释，读者可自行查阅 Marsh 和 Willis（2003）的教育类文章或 Thijs 和 van den Akker 关于重要方法的总结（2009）。

显然，课程开发任务的境脉与性质将决定采用何种策略及运用的方式。我们正开始关注一类混合方法——这种方法被应用在教育与培训领域中，整合了当下设计与开发的多种趋势与特征（van den Akker 等，1999；van den Akker 和 Kuiper，2009）。其关键特征如下：

- 实用主义：认识到不存在单一观点，理论基础或者更上位的理论可以解决课程选择带来的所有困境。实践境脉及其中的使用者是课程设计与实施的首要考虑因素。
- 原型设计：与准 Tyler 原理—线性课程开发方法相比，渐进式原型设计更加高效。其中，渐进、迭代地将课程融入到现实中可以避免失败和争执；对试验式、渐进式的课程版本开展形成性评价，对于这种课程完善方法很有效。
- 交流：需要一种交流机制，协调各方利益，解决不同角色间的冲突，使得所有涉及方达成一致。
- 专业发展：为了提高成功实施的几率，应该随着课程改革，为涉及的个体与机构提供相应的专业学习与发展机会。

设计研究/发展性研究是一种整合了上述特征的研究方法，并且在研究中通过融入知识积累的元素而变得更适于课程开发。在尤其注重将理论嵌入到设计过程中并通过经验证据提供真实用户情境中课程干预的实用性与效果时（高于平常所说的开发实践），这类研究能够以设计原则的形式加强知识库建设，并为课程开发团队提供探索性的建议。

虽然如此，仍然有一些课程开发困境是不可能被轻易解决的，更不用说通过一般策略解决了。比如，如何将大规模课程变革的期望与系统应适合当地多种变量、满足用户需求结合起来？显然"一刀切"的做法并不能缓解二者之间的冲突。相反，具有适应性和弹性的策略可以避免过于详尽甚至过度描述中心课程框架，给学校、教师和学习者提供了多种选择与弹性空间。尽管各方利益在目标与内容上的争夺不可避免，但是，"少即多"的原则应该被提倡。既然如此，什么内容是核心课程该容纳并应该被清晰地反映在测试与评价方法中？

在实施方面，"能动"的观点（师生共同创造他们自己的课程）正逐渐替代"按部就班"执行的观点（教师严格按照外部对于课程的要求开展）。这一趋势更多地强调教师在课程变革中是关键群体。个体与团队学习都是必须的（Fullan，2007）。教师需要突破他们的思维定势。协作设计并尝试课程替代方案可能是种高效的做法，尤其在总结经验和反思结构化课程的过程中。同外部促进者的交流对于教师及他们学校"最近发展区"的切实发展很有帮助。并且，课程、教师与学校发展间交叉互补是有效、持续完善课程的必要条件。对此，越来越多人认同：只有这种交叉互补得以践行，学校才能够成为吸引并激励师生的环境。

六、课程设计研究的潜力

启动并开展课程设计研究的动机很多。一个基本的动机是：许多研究方法的经验（如实验、问卷、相关分析）及对于描述性知识的注重，很难为教育中纷繁的设计与开发问题提供有用的解决方案。专业设计者面临的最大挑战可能是在非常动态的境脉下解决复杂任务中各方面的不确定性。如果他们真的从研究中寻求支持来降低这些不确定性，一些沮丧常现：解答过于局限而没有意义、太肤浅而无法使用、太武断而不切题，更糟的是，这些往往来得太晚而起不到任何作用。课程设计者更喜欢在他们做出选择和完善他们的产品时，有足够充足的信息可参照，并且有更加及时的反馈。并且，知识在以理论为基础、以经验为验证的设计原则与方法的推动下持续积累，将有助于开发者专业共同体的整体发展。

课程设计研究的另一个动力来自于全球范围内教育领域许多课程改革政策的高抱负和复杂性质。这些改革往往会影响系统的各个组成部分，通常是多个层面的，既涵盖大规模的政策又包括小范围的实践，并且所包含的因素复杂、涉及的群体众多。

这些彻底的"改革",往往是不可能在谈判桌上达成的——各类需求的跨度很广,需要解决的问题通常是劣构的,被提及的干预措施的效果在使用前大多无法知晓。并且,最终的成功高度依赖于在纷繁复杂的境脉下实施的过程。因此,像这样的课程改革,在将研究活动整合在整个过程中并提供相关支持时,会受益于更加先进(迭代、循环、螺旋)的方法。像这样的方法通常会向理想变革"不断靠拢",并为学习提供更多的机会。总之,课程设计研究是种智慧、高效的课程开发方法。ICT 与教育整合的创新做法是这类挑战的典型示范。

七、课程设计研究的特征

课程设计研究通常是针对复杂、创新的干预开展的,因此很少有可供借鉴的原则用来架构和支持课程的设计与开发活动。在这种情形下干预的实施与影响通常是不清晰的,所以这类研究关注于认识此类有限但是效果良好的干预。它的目标并不是详述并复制整个干预过程,而是发现(连续)原型并借此不断满足新的抱负与要求。这种过程往往是迭代的、循环的或螺旋的:分析、设计、评价及完善活动一直迭代,直至在理想与现实的成果间达到一个满意的平衡。

这类设计研究活动与专业实践中的典型设计和开发方法有多大的差异? 研究者的作用有何不同? 为了避免夸大这些差异,我们基于课程开发实践形成的标准模式,归纳出一些特征。由于很多活动或多或少同时涉及这两类方法,因此此处将聚焦那些与典型设计与开发方法不同、同时又在设计研究中起到重要作用的要素。

(一) 预先调查研究

需要对于课程任务、问题与境脉进行较为广博及系统的预先调查研究,包括从文献中分析当前知识,查找其中更加精确与明晰的联系。一些典型活动包括:文献综述、专家咨询、与目标相关典型案例的分析、旨在具体且更好地理解目标用户境脉下的需求和问题而对当前实践开展的案例研究。

（二）理论嵌入

应该更加系统地应用当前知识，以厘清课程设计的理论基础。并且，应该在验证这些理论基础的基本特征（设计原则）的效果之后，针对干预中的决策做出明确的反馈。这种理论化的明辨能够提高设计理论基础的"透明度"和"可信度"。由于这些具体的聚焦，这些理论化的概念通常与"迷你"或"本地化"的理论相关，有时也与"中等规模"的理论有某种程度的联系。

（三）经验验证

清晰的经验证据向真实用户情境中的预想目标群体传递课程的实用性与效果。考虑到可能的干预及境脉中的大量变化，如果要"成功"，需要考虑很多（直接/间接；中间/最终的）指标。

（四）记录、分析与反思过程与产出

为了使课程设计与开发的方法得以拓展及具体化，应该多关注整个设计、开发、实施与评估过程及其产出的系统记录、分析与反思。

设计研究的典型问题有：

- 成功干预的基本特征有哪些？（针对复杂的挑战或"劣构"问题，Kelly，2009）
- 如何在现实世界中实施这些干预？
- 干预如何被开发并应用？

根据目标，设计研究从来都不是"一蹴而就"的，往往需要一个长期的过程，围绕不断推进的设计活动开展——从问题形成到干预的实施。

与大多数研究方法不同，设计研究旨在实用性与科学性方面均有贡献。在寻找课程问题的创新"解决方案"中，与实践者（涵盖多种角色：教师、政策制订者、开发者等）的交互是关键的。它的最终目的不在于验证理论应用到实践时是否具有良好的预测性。理论与实践间的内在关联更加复杂与动态：有没有可能针对现实世界中的既存问题或计划的变革创设一种实用且有效的课程？这种创新性挑战的要求通常更高，否则也根本无需进行研究。与实践者的交互需要逐步认清关键问题及潜在解决方法的

特征。向"理想"干预"不断靠拢"或向"进化原型"的迭代过程是研究者与实践者所期待的。若要解决那些复杂的问题,直接应用理论远远不够。"建构主义"开发方法更受青睐:研究者与实践者协作建构适用于实践的干预,并阐明造成这些干预成效背后的原则。

协作共进的另一个原因在于,如果没有实践者的参与,就不可能洞察潜在的课程实施问题,更不可能设计出干预方案来解决这些问题。新的干预,无论在设计上多么有创意,也要与实施过程保持一致性。不仅是因为"社会"原因(建立使用者的权利与义务),还在于"技术"的益处:完善它们在真实生活境脉下的适合度。因此,严格对实用性进行验证是设计研究的必要条件。

八、过程性评价的重要性

由于要清晰了解之前的环节,过程性评价在设计研究中占据着重要的地位。这主要是因为过程性评价在设计与开发的循环圈中为优化干预和课程开发者的循环学习过程提供信息。当它完全整合到分析、设计、评价与完善等循环圈中时,作用最大。

因此,过程性评价的主要作用在于在发展中有质量地完善过程。尽管如此,质量是一个需要具体化的抽象概念。在开发过程中,可以从相关性、一致性、实用性和有效性来衡量质量。

"相关性"是指从政策制订者、实践者和研究者的多重视角来看,预想课程的预计目标与后期实践间的相关程度。"一致性"是指课程的设计与当前知识保持一致的程度,以及干预各个组成部分间的协同程度(参见图 6.1 课程蜘蛛网络)。"实用性"是指用户(及其他专家)认为干预在"正常"情况下的执行力度、有效程度及成本效益。"有效性"是指干预的过程与产出达到预想目标的程度。此外,延展性和可持续性也应该被涵盖在有效性的广义解释中。

评价的方法与技术通常在标准(参见技术部门的 α、β、γ 检验的不同阶段)内协调完成那种转化。例如,充分的效度评估可以从起始阶段以与批判的同行一同开展讨论开始,然后再进行更加系统的专家评估。实用性通常是通过微观评估和应用于课程实践来验证的。有效性则通常要求(更大范围的)领域验证。在过程性评价的后期阶段,数据收集的方法通常来说没有那么密集,但是需要提高反馈的频率(比如,将最后的学生测试成绩与开始时对于少数专家的深度访谈进行比较)。关于过程性评价中的这类转化的详细解释和建议见 Nieveen 的文章(2009)。

设计研究中的过程性评价不仅应该聚焦于干预当前阶段的缺点,还要针对这些缺点给出改进建议——要对如何使得干预更加有效提供丰富的信息、显著且有意义的建议,这样才能够比收集与分析数据的标准方法更加高效。并且,步骤(程序)的效果是关键。数据收集、处理、分析与通讯的时间与成本越低,实际采用的机会以及对于发展过程的影响就越大。例如,与其他研究有目的的采样步骤相比较,设计研究中的过程性评价的数据采集所涉及的样本反馈与条件更加小但是目的性却更强。采用多种数据收集方法(如访谈、观察)从更多渠道获得有建设性信息这一附加价值会降低被大数据所局限的程度。为了避免数据解释过度带来的不确定性,通常采用三方验证(方法、测量工具、渠道与地点)的方法。以上这些在过程性评价的初期阶段、干预还没有得以精炼时尤其有用。

九、课程设计研究成果的概化

从实用角度来讲,课程设计研究最重要的成果是优化课程产出/产品及课程的实际应用,使得教学过程更优化,学习效果更好。尽管可以这样描述,但是设计研究对于知识的主要贡献是以支持开发者任务的"设计原则"(既是本质的又是方法的)这种形式体现的。这些原则通常融于(一直增长的)启发式陈述中,常采用以下形式:

- 如果你想设计干预 X[为实现境脉 Y 下的 Z 功能/目的]
- 那么最佳的建议是使该干预具备 C1、C2······Cm 特征[关键要素]
- 并且最佳步骤是 P1、P2······Pn[关键特征]
- 它的理论依据是 T1、T2······Tp
- 它的实践依据是 E1、E2······Eq

这些原则显然不能够保证成功,但是它们是具体设计与开发任务的最佳(本质的、程序的)选择。

这类知识在设计研究中非常常见,尤其是关于课程基本特征的本质性知识,可以部分提取于形成的原型自身。它也有益于寻找并仔细分析现有课程,为新设计任务提供建议。并且,这类知识的价值,在经过理论验证明确方向、经验证之后,显著提高。此外,如果这些启发式原则被证实适用于更多境脉下的干预设计,它将还会起到额外的作用。当设计研究是在研究项目的框架中开展时,这类知识的增长机会将会增加,因为项目中的各子项目间相互依赖,后一个是以前一个为基础的。

既然设计研究中的数据收集常常局限于小的(但是目的性强)样本,那么成果的概化就不能以统计技术为基础、聚焦于将样本推广到大众中,而应该关注于普及"分析的"模式(Yin, 2003)——给予读者/用户支持,使他们能够结合各自情境尝试挖掘从研究成果到理论的转化潜力。设计研究的报告不仅能够通过对已应用设计原则的清晰描述以及对于随后结果的反思来促进这类类比推理任务,还提供了关于评估步骤及实施境脉的详细描述。这类实施过程中对于境脉"细致"的描述可以提高成果的"生态"效度,使其他人能够评估报告的情境与自己的情境是否相关以及相关程度。另一方面,组织与专家及相似情境中的实践者开展交互(网络)会议,就研究成果进行讨论并对相关任务与境脉提供建议,将有助于研究成果的概化。

最后,课程设计研究可以提供多种相关课程版本(已证明具备一致性和实用性)的设计,这些可以在更大规模、更多数量的(准)实验研究中进行对比。

十、结论

为了让更多人(迅速且相当)适度熟悉教育的设计研究,在教育设计研究的观点与成果的透明度、真实性、"可信度"及"重构度"方面给予更多强调是种明智的做法。此外,还需要考虑研究团队与伙伴的"可信度"(专业深度与广度、过程记录)。

最后,综上所述,我们概括了一些通过设计研究促进知识增长的研究特征:

- "站在肩膀上":少一些孤立研究,要以先前研究为基础,并采用项目方法进行项目开发。

- 干预要灵活、方法要实用。
- 在数据采集的地点与渠道上采用三角测量。
- 与其他特征相比，提高对于成功干预本质的理解。
- 避免借鉴不成熟的、看似有效但效果有限的干预手段。
- 通过同伴与网络共享与传播知识。
- 促进多方参与并提供专业发展。主要有：教师、学校领导者、教师教育者、研究者、课程与课本开发者、评估专家等。

当以上这些特征得到足够的重视后，设计研究才是技术驱动革新的可行之道。

参考文献

Cuban, L. (1992), "Curriculum stability and change", in P. Jackson (ed.), *Handbook of research on Curriculum*, pp. 216 – 247, Macmillan, New York, NY.

Fullan, M. (2007), *The New Meaning of Educational Change*, 4th edition, Teachers College Press, New York, NY.

Goodlad, J. (1994), "Curriculum as a field of study", in T. Husén and T. Postlethwaite (eds.), *The international encyclopedia of education*, pp. 1262 – 1276, Pergamon Press, Oxford.

Hargreaves, A. and D. Fink (2006), *Sustainable leadership*, Jossey-Bass, San Francisco, CA.

Kelly, A. (2009), "When is design research appropriate?" in T. Plomp and N. Nieveen (eds.), *An introduction to educational design research*, pp. 73 – 87, SLO, Enschede, the Netherlands.

Kelly, A., R. Lesh and J. Baek (eds.) (2008), *Handbook of Design Research Methods in Education Innovations in Science, Technology, Engineering, and Mathematics Learning and Teaching*, Lawrence Erlbaum Associates, New York, NY.

Marsh, C. and P. Willis (2003), *Curriculum: alternative approaches, ongoing issues*, 3rd edition, Merrill/ Prenticehall, Upper Saddle River, NJ.

Nieveen, N. (2009), "Formative evaluation in educational design research", in T. Plomp and N. Nieveen (2009), *An introduction to educational design research*, pp. 89 – 101, SLO, Enschede, the Netherlands.

Pinar, W. *et al.* (1995), *Understanding Curriculum: An introduction to the Study of Historical and Contemporary Curriculum Discourses*, Peter Lang, New York, NY.

Plomp, T. (2009), "Educational design research: an introduction", in T. Plomp and N. Nieveen (2009), *An introduction to Educational Design Research*, pp. 9 – 35, SLO, Enschede, the Netherlands.

Taba, H. (1962), *Curriculum development: Theory and practice*, Harcourt, Brace and World, New York, NY.

Thijs, A., and J. van den Akker (2009), *Curriculum in Development*, SLO, Enschede, the Netherlands.

van den Akker, J. (1999), "Principles and methods of development research", in J. van den Akker et al. (eds.), *Design Approaches and Tools in Education and Training*, pp. 1 – 14, Kluwer Academic

Publishers, Dordrecht.

van den Akker, J. (2003), "Curriculum perspectives: An introduction", in J. van den Akker, W. Kuiper and U. Hameyer (eds.), *Curriculum Landscapes and Trends*, pp. 1–10, Kluwer Academic Publishers, Dordrecht.

van den Akker, J. *et al.* (eds.) (1999), *Design Approaches and Tools in Education and Training*, Kluwer Academic Publishers, Dordrecht.

van den Akker, J. *et al.* (eds.) (2006), *Educational Design Research*, Routledge, London.

Voogt, J. and G. Knezek (eds.) (2008), *International Handbook of Information Technology in Primary and Secondary Education*, Springer, New York, NY.

Walker, D. (2003), *Fundamentals of Curriculum: Passion and Professionalism*, Lawrence Erlbaum Associates, Mahwah, NJ.

Yin, R. K. (2003), *Case Study Research: Design and Methods*, London, Sage.

结论　主要经验与政策应用

Oystein Johannessen，Francesc Pedró
挪威教育部，CERI

　　本章总结了 2009 年 11 月在巴西弗洛里亚诺波利斯召开的 OECD 专家会议的主要经验及相关政策的应用。总体来讲,本章有助于我们理解技术革新教育过程中系统方法的作用方式以及在当地普及革新时的具体作用。这种系统方法在经济危机之时尤其急需。大多数国家当前正处于经济衰退期,OECD 成员国也不例外。许多政府为了度过经济危机,已经采取了紧急措施,有时采用协作方式,反思不同项目对经济的作用,同时制定策略促进经济的中长期发展。在这种形势下,革新将逐渐在经济增长及社会福利方面发挥关键作用。技术革新教育的过程也是如此,在经济危机的影响下,每个教育系统都应该提高他们普及革新的能力,改善学习策略,提高学习产出。

一、导言

　　作为最后一章,本章对先前的研究进行了总结,并且得出了一些政策应用的原则。但是需要注意的是,将这些原则转化为可实施的政策建议时,要注重与社会革新本质相关的三个分析维度:教学维度、技术维度和社会维度。最后,本章给出了一些研究建议,建议政策制订者、研究者和实践者能够采用新的分析框架,运用系统方法逐步理解技术驱动的教育革新。

二、主要经验

在弗洛里亚诺波利斯召开的为期两天的专家会议讨论了一系列与革新、技术及学习相关的主题。本部分内容主要是作者在会议后进行总结时得出的一些重要发现。需要注意的是，尽管这些发现并不能够完全呈现会议全貌，但却是对于一些关键问题的反思。

（一）在技术革新教育的过程中，与基础设施、内容、支持与教师培训方面的投入相比，在知识库建设上的投入显然不足。

许多国家为了加强技术在教育的应用，围绕技术的投入很大。但是，有证据表明，如 OECD 关于北欧国家数字学习资源系统革新的研究，技术驱动的教育革新缺乏足够的知识支撑，即使是对于现有知识的应用也是非常有限。

（二）技术与教学间的联系薄弱。

技术驱动的革新远多于教学驱动的革新。这表明在许多情况中，技术的实用性是教育领域驱动革新的主要动力。技术与教学间的连接过于薄弱，甚至没有关联。这种情况深深地根植于教育系统中，对运用技术促进学习造成了阻碍。

（三）革新是彻底的还是渐进的。

这个发现建立在关于革新是否只能是彻底的或者可以是以小步骤方式开展的讨论上。专家会议上提到了两类革新：一类是完全在教育系统内部开展的，还有一种是"跳出"教育领域的革新，从外部采用完全不同的视角来开展的。

（四）技术的应用需要在期望与现实间做好平衡。

自 20 世纪中叶，技术革新就被认为能够带来教育革命，此后的几十年，类似的论调时常涌现。对此，需要找到一个平衡点，在技术能够提供的功能与教育的经济、组织与教学现实间做好平衡。

（五）革新的复杂性需要采用多层、跨学科及多方法的方式。

技术革新教育面临的是教育各个方面、所有利益相关者的利益与需求。革新是不能够一蹴而就的，它需要分多个阶段进行。对于好的测量与评价系统的需求很好地诠释了这一点。

（六）应该挖掘诸如脑科学、学习环境等"新"研究领域的潜能。

这里要强调的是，新的研究视角将有助于使技术进一步和教与学的核心进行融合。

（七）当前的评价多数局限于数字素养。

研究应该进一步深入课堂实践。专家会议中提到的一些案例发现：对于技术的运用多侧重于数字素养的评价，如澳大利亚。对此，应当突破这种局限，将技术运用扩展到教学的其他方面，同时兼顾过程性与总结性评价。

（八）需要在利益相关者间就教育革新开展社会对话。

这一讨论结果与 OECD 革新策略中所持的观点一致，均强调当前的革新具有社会属性，涉及各个方面。如果没有利益相关者的充分参与，革新失败的风险将会成倍增加。

（九）研究需要联系实践转化为可实施的指南。

不实践，革新永远算不上是真正的革新。这指出了知识库的重要性，一方面要吸纳来自于教学实践的经验证据，另一方面要与实践者展开丰富的对话，促进教与学中技术的更佳应用。

（十）研究介入到教育与教学实践的程度该多大？

这一开放问题提出了两个重要问题。第一，教育系统需要确保与技术和学习相关的研究成果能够为教师所用。第二,教师的专业文化与专业发展应该始终是研究的指南针,研究要反映教师的专业需求。此外,教师培训机构应该率先开发教与学领域的技术应用课程。OECD 在入职教师培训方面开展的技术应用项目正致力于解决这类问题。

三、政策应用的原则

根据会议讨论得出的这些结论,可以与之前 CERI 在教育领域中系统革新与技术方面的研究相结合。这些结果表明了一系列有助于政策应用的原则。

(一) 系统革新的分析框架有助于革新政策的评估。

系统革新方法的主要优点在于它有助于政府及其他利益相关者综合评价系统的工作方式,探索提高革新能力的方法。从政治角度来看,这很重要。针对当前存在的信息鸿沟,尤其是革新循环圈中存在的信息鸿沟,实证经验更加有用。最终,在革新中采用系统方法,不仅有助于革新系统的评价,还能够配合相关政策,促进技术在教育中充分发挥它的革新潜力。

尽管,在教育领域中,运用系统方法进行革新的情况仍然不多,但是这类方法注重过程,有助于教育系统的逐步完善。

(二) 应该具有一个清晰、明确的系统来促进与支持成功的革新,引导整个系统的变革。在国家层面上,这样的系统较为少见。

面对日益全球化、迅速变化的世界,所有教育系统都应该及时响应由技术驱动的革新带来的社会、经济、技术方面的挑战。在这类革新中起着关键作用的有:政治领导力、驾驭与管理革新和可得资源的能力,以及支持这类过程的现有机制与规则。此外,革新的设计与实施过程中证据的收集以及利益相关者间的协调也很重要。

然而,革新的促进与阻碍因素并不具备普遍性,而应视具体情境而定。也就是说,在任何教育系统中,它们的存在是必然的,但是具有差异性,影响效果与所在系统及系统境脉高度相关。这尤其体现在利益相关者协商、证据收集及政治领导力方面。特别是,证据能够促进革新的采用及过程的反馈——尽管已有的证据表明,革新主要依赖于默会知识与理念或迫切改变现状的使命感。

(三) 对于技术驱动的革新来讲,教育系统需要一个正式、一致、可发展、持续更新的知识库来提高革新能力,弥补知识缺口、充分发挥系统革新的潜能。

技术驱动的教育革新几乎不是历年来具体知识或经验证据积累形成的结果,也很少依赖于利益相关者的决策或与反馈相关的知识和证据。并且,各国在监控与评估技术驱动的革新上,也缺少足够的关注,尤其是那些需要大量的政策支持、资金投入,要求在整个系统中开展革新。此外,几乎没有针对革新是否成功或者失败的评估,也没有总结革新的主要经验。

尽管在我们的案例研究中,更好的知识库会使革新更成功这一假设还没有得到经验验证,但是在研究与革新间缺乏连接却是很明显的。这种情况常见于政府层面,主要是由于政府在干预及对于干预过程中形成的知识库缺少关注造成的。此外,研究还发现,革新和研究像是磁铁的两极,分属不同的教育领域。

最后,在推动革新发挥更大作用,增强对于系统、教师与学生评价的过程中,很难发现研究证据缺失了哪些内容,评价过程反馈圈的哪些环节有遗漏。这种系统内的不连贯需要被解决。

(四) 系统内评估及知识反馈的缺失,可能最终会使教育系统错过革新的机会。

革新确实具有潜力,但是无论革新是小范围的还是自上而下大范围的(包括将革新扩大到整个系统),革新评估的缺失是各个教育系统的通病。造成这种现状的原因有很多:可能是因为当前对于技术的教育应用的研究尚未形成体系造成的,也可能是由于政策制订者、研究者与实践者间缺少联系造成的,还有可能是由于缺乏收集相关信息的机制,甚至还可能是由于机构风气造成的。

试点,这种特殊的情况除外。在试点中,评价的重要性更加突出。而试点在系统革新中的作用很关键,因为试点的目的在于能够深度影响系统。尽管试点花费时间、消耗资源,但是却能够在实施不力或者在革新疲软的预防上起到重要作用。试点有助于技术与机构层面目标的达成,但是如果监控与评价步骤没有被认真落实,那么试点的价值便不复存在了。

四、对技术革新教育的剖析

专家会议上在技术革新教育的分析维度上达成了共识,如下:

- 政策维度
- 教学维度
- 技术维度
- 知识维度

政策维度是必须的,在于强调系统方法是技术革新教育得以长期开展的前提。教学维度与技术维度和技术在学习中的应用相关,而之所以有知识维度是因为知识库对于革新是至关重要的。

(一) 政策维度

政策维度强调教育中的革新需要采用系统方式——例如,审视革新可以给国家、省市或地区带来什么——并且这一维度将革新与政策制订和政策决策联系到一起,进而使后二者可以促进革新、加大革新的影响,并且增强革新知识库的建设。

针对技术在教学中的运用制订革新政策最大的挑战之一是要确保政策间充分的连贯性。不同的政策间不应该是相互割裂的,而应该是相互联系的、与其他政策互为发挥作用的前提。政策间的连贯性是系统革新方法的核心要求,因此应该关注各种政策,并且注重政策间的联系。

为了更加深入了解政策的连贯性,可以将教育系统内政策间的连贯性简要划分为横向连贯性和纵向连贯性。横向连贯性是指政策间或者策略中关键要素间的连结,纵向的连贯性是指教育系统不同层级间的连结或者关联。

横向连贯性对于了解政策间如何相互作用是必需的。图 7.1 的简要模型呈现了关键政策要素间的连贯性。需要注意的是，该模型并不是为了描述最重要的关键政策要素。尽管，课程以及对于教师与学校领导者的专业发展和评价在任何境脉下都是关键要素。

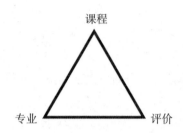

图 7.1　关键政策要素连贯性的简要模型

比如，课程与评价间的关系。在许多国家，课程不仅是国家开展教育的主要手段，还是教育与社会间的连结。在一些情况下，政府需要改变课程，使得教育能够跟得上社会的变化，满足未来职场的要求。尽管如此，如果这种变化没有与系统内评价同时改变，那么这种缺失可能会阻碍教育的变革。这是因为，评价在许多国家是推动教育变革的关键动力之一。

同样，课程的变革应该在教师的专业发展上做相应的调整，因为教师是课程（及评价系统中）实施过程中具体进行变革的主体。

图中的简要模型可以说是直指横向连贯性的核心。当然，还有其他一些重要因素需要考虑，如基础设施、关于开放标准与互用性方面的政策、数字学习资源等。

横向连贯性对于保障革新与教育变革的稳健开展很重要。当然，其中有利也有弊。自下而上的革新要求教育系统不同层面间的联系，以让国家政府机构知晓，这是重要的，比如，在普及这种革新时。

从教育部到每一个课堂的路看似非常远，这是各国普遍的经验。充分的纵向政策连贯性是一种优化这种情况的方法。

考虑到政策间的连贯性，国家或者区域应该也要考虑技术革新教育的政策与整体、国际或区域教育目标间的关系。纵观各国，策略各异。一些国家对于教育中技术的应用有专项政策，其中有一些涵盖很广，包括技术整合于教育的全部关键要素。大部分国家通常关注测量方面。还有一些国家,专门针对目前众所周知的"一对一计算机"设计策略,确保大多数学习者都有笔记本电脑使用。这些策略通常都包含专业发展这一要素,并且这些策略的核心是要确保学习者能够获取并公平使用这些技术。还有一些国家没有单独的技术政策,而是将其作为一部分整合到整体的国家策略与政策中,如挪威和瑞典。

当政策间相互联系起来时,使政策间保持连贯性的工作很重要。例如,研究和课堂实践。正如 Huang 等在他们那章指出的那样:我们需要仔细关注革新从启动到实施的转化过程。一些国家已经针对教育中技术的应用建立了国家级中心或机构,如英国的 Becta、挪威的教育技术中心。像这样的机构是政策、实践与研究间重要的协调者,并在知识的获取与传播上发挥着重大作用。

(二) 教学维度

教学维度主要聚焦于技术是如何改善学习者的学习策略,提高学习产出的。在将技术整合到学习中时,这是一种重要的挑战。此处将关注一些关键方面。

课程及对于课程的评价是教育重要的推动力,因为课程规定了教学目标、教学内容,有时也确定了教与学的方法。按照 van den Akker 教授的说法,课程是教育的路线图。

首先是将课程与革新联系起来。课程能够在每个学科的关键领域引领实践者,课程可以用来标明"革新区"。比如以下几个案例。首先,像英语(母语)这样的学科,思考并使用不同的文本类型,在一些情况下我们称之为多模式文本(多模式文本是指那些整合如文字、图像、电影语言或计算机展示媒体的内容)。有时,教师们青睐的策略是让学习者们在这些多模式文本上协作学习,这也是通过教师具体的教学实践来衡量教师是否革新者的方法,比如运用诸如博客与维基等社会媒体来促进学习者的协作写作。

另一个运用技术改进教与学的案例是在科学课中使用模拟和可视化方式。此处强调的是:在运用技术优化教与学的过程中,如果单纯依赖教学方法而不使用技术,是不可能或者很难完成的。这里的关键之处在于教师能够找出课程的哪些部分是课程的革新区，以促进技术在其中发挥作用。这里提到的革新指的是用户引起的/自下而上的革新，并且在多数情况下，革新实质上是渐进的。这类革新的氛围有赖于校园文化和教师的专业氛围。以分享资源与经验为宗旨的专业实践共同体的发展是促进这类革新普及的重要工具。

教学维度极度依赖于清晰、可得的关于技术如何作用于教与学的知识库。并且，教学维度会受益于基于研究的且专业化的交流，尤其在技术是否以及如何转化并丰富学习过程方面。

(三) 技术维度

技术维度反映了大多数国家对于笔记本电脑、宽带连接、学习管理系统等方面的高度重视。全球的一对一计算机项目表明，基础设施是实现教育中技术获取与公平使用的必要条件，但是这并非发挥技术所有潜能的充分条件。

与教育中技术的应用相关的、关键的可能也是最重要的是：不仅要提供技术，还要使技术能够满足教师与学习者的需求。如果与技术相关的基础设施既不完备又不能发挥功效，将技术整合到教学中的这种美好意图是不可能实现的。整合技术还需要对技术与教学的支持服务予以关注。通常来讲，学校并没有配备必要的人力资源来保障技术驱动的革新及成本效益。而地方政府能够在一些中观层面或通过区域内地方政府间的协作解决这一问题，国家层面也可以通过国家政策或部门来解决这类问题，Becta 就是一个很好的例子。

与教育领域其他部分的合作有益于技术在教育中的应用。尽管相关证据寥寥无几，但是仍有理由相信一些国家已经在学习技术的创新上采用一些下渗模型，借此与高等教育机构与人员协作。在美国的缅因州，这种网络由缅因大学主要负责。在挪威，现在应用于中小学教育的联邦身份管理系统最初也是由高等教育相关院校设计的。像这样的革新模式可能会是今后研究的主体。

教育中技术的应用迄今仍然围绕笔记本电脑和上网本。长久以来，电脑是主要的科技产品。现在情况发生了变化，教育系统应该准备面对技术日趋多样的趋势。

2010 年地平线报告基础教育版(Johnson 等，2010)指出了六种今后 4—5 年将影响教育的新兴技术。

- 云计算
- 协作式环境
- 移动通讯
- 教育类游戏
- 增强现实
- 柔性轻薄现实

尽管这些新兴技术不应该仅停留在预测层面,而是需要在某些时候通过一些方式来验证其对于教育的影响。但是,这也明确地指出了一些与网络资源、新兴移动与手持设备、游戏化应用的渐进整合及学习资源的多样性相关的重要趋势——这些发展趋势中所有的技术均要求更加强健的基础设施,而这是当前大多数学校都不具备的。

(四) 知识维度

知识维度与知识在革新过程起到的重要作用有关。正如专家会议中的会议文件所指出的那样,教育系统需要"……一个正式、连贯的、可持续发展且不断更新的知识库来提高他们的革新能力……"(OECD,2009a)

从许多方面来看,知识库建设的挑战是巨大的。首先,这类挑战在于要确保建立一个充分的知识库。知识库可部分基于研究、部分依赖于教师实践中的经验与证据。尽管一些国家可能会在什么会起效上存在分歧,甚至在某些方面存在文化壁垒,但是通常来讲,教育共同体看到了更新知识库带来的益处。在全球背景下,需要确定知识库是国内的还是国际化的。答案很可能是介于"是"与"否"之间。部分教育中技术应用的知识库将根植于区域或者国内的教育系统下,并对这些地域发挥作用;还有一些并不受地域限制,可在全球范围内起作用。

第二个知识库建设方面的挑战是要保证知识的有效传播。至少要作为教学支持,提供给教师。例如,为教师提供某类知识的基础结构。多样的解决方案可能更受欢迎,但是前提是必须要确保知识库是以有意义的方式架构的,比如,要与课程保持一致,这样才更容易被采用。如此,像政府机构这类协调机构就能够在诸如由教师和学校领导者组成的实践共同体这类自下而上的项目中发挥重要作用。

第三个知识库建设方面的挑战是知晓运用这类知识库的必要性。对于知识库及教师专业氛围的要求,是将基于研究的证据整合到教学与领导力的先决条件。一项2007年由挪威开展的研究表明(Jensen,2007):与其他的一些职业相比,教师运用资源满足他们需求的程度较低。这是否意味着教师专业氛围中资源匮乏或者缺少这类资源的导向,这不得而知。但是,如果教师不倾向于使用来自革新研究的资源,那么政府在传播策略上的投入的成功性便大大降低了。

2009年TALIS问卷结果(OECD,2009c)有一个有趣的发现:被试教师在技术与教学整合方面的专业发展需求很高。导致教师产生这种诉求的原因很多,但是这同时也表明学校在培养教师具备这种能力上存在一定的困难。

五、政策应用

在经济危机之时,在技术驱动的教育系统中应用系统方法显得尤为迫切。大多数国家当前正处于困难时期,OECD成员国也不例外。许多国家为了度过经济危机,已经采取了紧急措施,有时以协作的方式开展,对各国经济运转方式进行深刻反思,同时制定策略促进经济的中长期发展。在这种形势下,革新在中长期发展中将逐渐在经济增长与社会福利上发挥关键作用。技术驱动的教育革新也不例外。考虑到经济危机,每个教育系统都应该提高他们普及革新的能力,改善学习策略,提高学习产出。

在现有利益相关者的支持下,为了给这样的革新创造条件,政府应该优先考虑以下事宜。

(一)针对革新设计系统方法,并将其作为相关政策制订与实施的指导原则。
像这样的系统方法至少包含以下五个基本元素:
- 无论是政策还是实践层面,根据国家需求制订明确的政策,以此来支持教育中技术应用方面的研究。

- 设计的框架能够同时支持自上而下的革新和自下而上的革新,包括监控与评估机制。监控与评价机制能够促进与教育中技术应用相关的政策应用,有助于在实践中积累新知识。
- 一个统一的知识库,包含研究证据及产生于革新评价过程中的新知识,同时涵盖与这些主题相关的国际知识库。
- 将综合并传播与技术应用(如仪表盘、资源交流中心)相关的有效政策和实践方面的新知识常规化,以撼动系统的现状,设定新目标并着力于渐进性变革。
- 使以上所有要素发挥作用的组织(结构、人事)架构。

(二) 促进利益相关者就革新开展持续的、通畅的对话。

通常,革新过程中使用的知识库对于教育中技术应用相关的政策讨论具有导向作用,这尤其体现在对于相关经验证据缺失的讨论上。尽管如此,利益相关者间的积极对话能够形成一个一致的且能够指导实践的共同意向,这是政策得以成功干预的前提条件。因此,政策讨论中据"理"力争是最重要的,这可以使所有利益相关者受益于此,尽可能少产生分歧。

(三) 针对教育中的技术应用建立一个组织良好、正规、易使用且不断更新的知识库,这是充分发挥革新潜能的先决条件。

在许多国家,用于阐明知识库的常见机制(如专业杂志、学术杂志、会议、国家相关机构与研究中心,诸如此类)并未充分发挥作用。一些国家可能通过现有设施或机制来解决这种需求,而其他国家可能倾向于采用新的措施作为解决技术革新教育的首要选择,比如建立专门的研究中心网络或服务中心。但是,如果要使技术驱动的革新方面的投入体现出价值并取得最大收益,恰当的知识管理工具必不可少:收集那些可能会经常需要传播的知识(例如各类利益相关者常使用的知识及与革新相关的各类资源),以连续、一致的方式积累信息,提出清晰的要求并以此来收集信息,最后在决策导向阶段向政策制订者和实践者传播这些成果。

（四）对技术驱动的革新予以必要的监控与评估。

官方机构的最大责任在于针对自下而上和自上而下的革新制订出相关的评估机制与程序。这类经验型评估应：

- 能够体现出革新普及或扩散的方向与精神。
- 向那些习惯结果导向的相关人员逐渐渗透一种观点：那些过程可测的革新在革新疲软或受阻时能够发挥作用。
- 产生效益。
- 及时反馈评估的结果。

（五）依据国家需求选择并支持教育中技术应用的相关研究，并且将这些支持与革新联系起来。

与教育中其他领域的研究相比，教育中对于技术的研究更难驾驭。教育系统如果在国家层面统筹考虑以下因素，可能会事半功倍：

- 根据国内优先等级并参照国际质量标准选择并资助研究机构或者研究者。
- 应该在研究中心与大学间建立协同机制，如有可能，也应考虑与国家网络合作。
- 传播环节，尤其对于那些指定的出版商，应该尽量将更大范围的利益相关者纳入到应用研究证据的对话中，因为在一些情况中这些利益相关者会有一些额外的建议与要求。
- 建章立制，规范那些设计并开展教师培训的机构或项目。

（六）确保技术驱动的革新并没有扩大现有的数字鸿沟，更没有创造新的数字鸿沟。

学生的社会经济背景是一个决定他们能否在教育中获取成功的重要因素。PISA2006（OECD，2010a）中关于技术应用与教育绩效方面的报告显示：对于教育绩效来讲，计算机的使用加强了学生的学术能力与胜任力。但是能否获取并公平地使用计算机及相关资源和学生的社会、文化与经济能力有关。因此，在计算机与宽带连接已经基本普及之时，教育系统需要认真对待此类事宜。

（七）将教育质量与教育公平方面的国家政策融入或加入到技术驱动的革新战略中。

针对教育专门设计技术战略有若干好处。首先，战略具有标杆效果——它标志着该战略覆盖的领域很重要且值得关注。另一方面，教育中技术的应用应该始终与国家政策，尤其是教育质量与公平方面的政策保持一致。这有助于技术的教学潜能的发挥，这是技术被采用的初衷但并不是技术的全部。

六、展望

在大多数国家中，技术已经融入校园，并且逐渐成为一种常态，接下来会发生什么？严格的技术时代还未来临，但是以后应该会有一个"混合"时期，国家层面上的各个系统仍将继续关注技术方面的事宜。而且，关注程度将直接决定技术变化的动力与速度。同时，将技术嵌入到政策与策略的需求也变得愈发强烈。OECD之前及以后的工作将帮助大家获取国际教育共同体关于有效教学环境及有效策略方面的重要观点与研究，也将帮助大家了解创新学习环境的创建过程。TALIS的分析结果发现了一些与有效教学环境相关的重要结论，同时指出今后的研究为了降低教师在教学实践中运用技术的门槛，要增强技术对于环境影响的研究力度（OECD，2009c）。

另一个值得关注的领域是公共服务及正规教育系统与诸如非正式学习、私立学校等其他利益相关者间的关系。巴西的Lumiar案例很好地诠释了传统教学系统是如何受到挑战的，正规教育系统应该向来自"家庭之外"的革新开放，政府与公共服务也应该意识到它们在推动革新发展上起到的重要作用。OECD在革新评估方面的报告指出：将开发与实施电子政务服务作为公众部门革新的一部分是一种较好的尝试（OECD，2010b）。

第三个值得进一步探讨的是需要对新兴技术的推动力予以分析，尤其要分析这种现象背后的动机。Selwyn（Selwyn，2009）关于新兴Web2.0技术及其在教育中应用的观点较具批判性，发现其背后的动力之一好像是那些提倡去学校化的人。

技术革新教育往往孤掌难鸣，任何一个利益相关者个体或者群体都无法确保革新的成功开展及后续的持续发展。只有通过协作，联合教育与工业，将教育与其他公共服务部门联合起来，才能够确保成功，使所有学习者受益。

参考文献

Johnson, L., R. Smith, A. Levine and K Haywood (2010). *2010 Horizon Report: K-12 Edition*, The New Media Consortium, Austin, Texas.

Johannessen, Ø. (2009), "In Search of the Sustainable Knowledge Base: Multi-channel and Multi-method?" in Scheuermann, F. and F. Pedró, *Assessing the Effects of Technology in Education: Indicators, Criteria and Benchmarks for International Comparisons*, European Union/OECD.

Leadbeater, C., Open Innovation (powerpoint), *www. charlesleadbeater. net/cms/site/docs/Open% 20Innovation. ppt.*

Lippoldt, D. and P. Stryszowski (2009), *Innovation in the Software Sector*, OECD Publishing.

OECD/Eurostat (2005), *Oslo Manual: Guidelines for Collecting and Interpreting Innovation Data*, *3rd Edition*, The Measurement of Scientific and Technological Activities, OECD Publishing.

OECD (2009a), *A Systemic Approach to Technology-Based School Innovations*, Background Paper, OECD, Paris.

OECD (2009b), *Beyond Textbooks: Digital Learning Resources as Systemic Innovation in the Nordic Countries*, Educational Research and Innovation, OECD Publishing.

OECD (2009c), *Creating Effective Teaching and Learning Environments: First Results from TALIS*, OECD Publishing.

OECD (2009d), *Working Out Change: Systemic Innovation in Vocational Education and Training*, OECD Publishing.

OECD (2010a), *Are the New Millennium Learners Making the Grade? Technology Use and Educational Performance in PISA*, OECD Publishing.

OECD (2010b), *Measuring Innovation: A New Perspective*, OECD Publishing.

OECD (2010c), *The OECD Innovation Strategy: Getting A Head Start on Tomorrow*, OECD Publishing.

Pedró, F. (2008), *New Millennium Learners: A Project in Progress*, OECD Centre for Educational Research and Innovation, Paris.

Selwyn, N. (2009), *Web 2. 0 and the school of the future, today*, university of London, London.

图书在版编目(CIP)数据

技术驱动,教育为本:技术革新教育的系统方法/OECD
教育研究与创新中心主编;张怀浩译.—上海:华东师范大
学出版社,2016
(OECD学习科学与教育创新译丛)
ISBN 978-7-5675-5015-5

Ⅰ.①技…　Ⅱ.①O…②张…　Ⅲ.①技术革新—技术教
育—教育研究　Ⅳ.①F062.4

中国版本图书馆 CIP 数据核字(2016)第 178100 号

"OECD学习科学与教育创新"译丛

技术驱动,教育为本
技术革新教育的系统方法

主　　编　OECD 教育研究与创新中心
译　　者　张怀浩
策划编辑　彭呈军
项目编辑　孙　娟
特约审读　郯　宝
责任校对　陈美丽
版式设计　卢晓红
封面设计　倪志强

出版发行　华东师范大学出版社
社　　址　上海市中山北路 3663 号　邮编 200062
网　　址　www.ecnupress.com.cn
电　　话　021-60821666　行政传真 021-62572105
客服电话　021-62865537　门市(邮购)电话 021-62869887
地　　址　上海市中山北路 3663 号华东师范大学校内先锋路口
网　　店　http://hdsdcbs.tmall.com

印 刷 者　常熟市文化印刷有限公司
开　　本　787×1092　16 开
印　　张　9
字　　数　137 千字
版　　次　2016 年 10 月第 1 版
印　　次　2016 年 10 月第 1 次
书　　号　ISBN 978-7-5675-5015-5/G·9320
定　　价　28.00 元

出 版 人　王　焰

(如发现本版图书有印订质量问题,请寄回本社客服中心调换或电话 021-62865537 联系)